令和の少年隊論

WE LOVE SHONENTAI 編集部 編

まえがき

人はいつなんどき〝少年隊沼〟に落ちるかわからない。

たまたま見たテレビ番組で「まいったネ 今夜」を歌う少年隊の過去の映像が流れていた。動画サイトのおすすめにフッと現れたから何の気なしにプレイボタンを押してしまった。筒美京平さんが亡くなられて、ラジオから久しぶりに「ABC」が聴こえてきた。若いジャニーズの誰かが歌謡祭で「仮面舞踏会」を踊っていた……。

そんなちょっとしたきっかけで、「そういえば少年隊って人気あったな。ほかにどんな曲があるんだっけ?」と調べ始めたら、もうおしまい。あなたは少年隊に〝覚醒〟せざるをえなくなる。「えっ? 30年以上前にこんなすごいことやってたの? やばくない?」、ものすごい衝撃があなたを襲う。「仮面舞踏会」と「君だけに」をなんとなくしか知らなかった自分、ごめんなさいと反省する。そして、熱に浮かされたかのように、次から次へと、まだ見たことのないパフォーマンス、まだ聴いたことのない楽曲を求めるようになる。

ただ、少年隊の新規ファンの第一関門は意外に早く訪れる。せっせと音源を入手したいのに、昔のコンサート映像や『PLAYZONE』作品が観たいのに、ほとんどが廃盤ってどーゆーこと? 2020年12月に『少年隊 35th Anniversary BEST』が発売されてようやく全シングルを手軽に聴けるようになったけれど、それ以前は「ABC」よりあとのシングルを入手することは非常に困難だった。中古市場で高値をつける「What's your name?」のシングルCDを何度ものほしげに眺めたかわからない。おまけに映像作品はVHSビデオの中古品が大半という。今、

21世紀ですよね？　嘘ですよね？　少年隊ファンであり続けることには試練が伴う。

自分が少年隊のすばらしさに気づくのが遅すぎたせいだ、この瞬間に少年隊コンテンツをのどから手が出るほど欲しているのは世界できっと私だけに違いない……そう肩を落としてSNSの世界をのぞいてみると、あれ？　私のような人がたくさんいる！

約3年前、それに気づいたことが、この本を作る動機になった。令和に少年隊のことをアツく語っている人がSNSのなかにこんなに存在しているなんて！　バズるほどのムーブメントではないけれど、なんて興味深い現象だろうか。じっと眺めていると、そのSNS人口はさまざまな出来事をきっかけに、目に見えるように増えていった。例えば、「関ジャム完全燃SHOW」で椎名林檎や堂本光一が少年隊を絶賛したとき、錦織一清と植草克秀がジャニーズ事務所を退所することが発表されたとき、その退所したふたりがそれぞれツイッターを始めたとき、など。今ではツイッターのトレンド入りも射程圏内に入っている。これは3年前には考えられなかったことだ。

もちろん、長らくデビュー前から一途に応援しているファンの方も多いと思う。でも、その人たちの存在だけでは、令和にこんな現象は起こらない。なぜ今、少年隊に注目する人が増えているのか？　自分も含めて、少年隊の何がこんなに心に刺さるのか？　その魅力の秘密を探りたい、彼らが生み出した作品がどのようにすごいのかを誰かの力を借りて言語化したい、それがこの本のスタート地点である。

あなたも少年隊の深い〝沼〟へようこそ。

令和の少年隊論
WE LOVE SHONENTAI

目次

まえがき――2

第1章 今、少年隊ブーム!?のなぜ――7

出張版ザ・カセットテープ・ミュージック～少年隊特集～――8
マキタスポーツ（芸人・ミュージシャン・俳優）×スージー鈴木（音楽評論家）

第2章 輝く「大三角形」少年隊が築きあげたもの――33

ランキングから見えてくる愛され楽曲――34
臼井孝（音楽マーケッター）

純烈リーダー、奇跡の3人組を考察する――50
酒井一圭（純烈）

『PLAYZONE』究極の舞台がめぐりゆく夏――64
広瀬有希（フリーライター）

第3章 ジャニーズ〝最高傑作〟の舞台裏 71

365日24時間、昼も夜も少年隊「命がけでした」 72
鎌田俊哉(音楽プロデューサー)

少年隊の体と踊りを作った振付師 92
ボビー吉野(振付師)

〝渡鬼〟夫婦、長子と英作のラストシーン 112
藤田朋子(俳優)

大人の少年隊に名匠が紡いだ「生身」の言葉 122
松井五郎(作詞家)

第4章 令和に〝隊沼〟に落ちた者たちの証言 137

少年隊の曲しか流れない木曜深夜ラジオ 138
藤川貴央(ラジオ大阪アナウンサー)

目次

大注目のYouTuberが少年隊の旅へ　152
ARATA（ダンサー／YouTuber）
2021年の今、僕が少年隊沼に落ちた理由　166
大谷ノブ彦（ダイノジ）

第5章
《保存版》全シングル・アルバム批評　181
作家でたどる少年隊ミュージック　182
馬飼野元宏（音楽ライター）
シングル・レビュー　192
アルバム・レビュー　206
臼井孝／小山守／高浪高彰／馬飼野元宏
真鍋新一／安田謙一／矢野利裕／湯浅学
あとがき　220
執筆者紹介　222

第1章

今、
少年隊ブーム!?
のなぜ

出張版 ザ・カセットテープ・ミュージック～少年隊特集～

少年隊の完成度はアイドルの主流とは明らかに違った。こっちのほうが世界標準なんですよ

芸人・ミュージシャン・俳優
マキタスポーツ ×
音楽評論家
スージー鈴木

ジャニーズを特集したこともあるテレビ番組「ザ・カセットテープ・ミュージック」（BS12トゥエルビ）の名コンビにとって、少年隊は青春を彩った音楽でもある。音楽から芸能、文化まで幅広い教養を駆使し、ふたりはどう少年隊を料理するのか。

スージー　少年隊がリバイバルしているって話で思い出しましたけど、沢田研二でも同じ現象が起きているんですよ。

マキタ　うちの娘が典型的にそうです。もうすぐ20歳なんですけど、「ジュリーと結婚したい」と言い始めて、ほどなく田中裕子さんと結婚していることがわかってショックを受けていました（笑）。今もよく見ていますよ。「やっぱりジュリーは完璧だ」って言っています。

スージー　すごいですね。

マキタ　少年隊もよく見ています。超ジャニヲタで、今はHiHi Jetsに夢中なんですけど、おかげで僕もHiHi Jetsにだいぶ入れあげてしまっているような状態で。スージーさんと音楽分析とかやってきましたけど、とりあえず完全に乙女になっちゃいました（笑）。

スージー　わかりますよ。私もBTSを見ていると、コード進行がどうとか関係なく、これは立派なものだなって。仏像が美しいのと同じように美しいし、ありがたいんですね。

マキタ　少年隊も同じですよね。僕もあらためて昔の映像をいろいろ見ましたけど、やっぱ動きがとんでもない。生歌であんなことやっている人たちは、いつの時代でもありえないですよ。

スージー　沢田研二も少年隊も、わかりやすく言うと完璧なんです。もっと言うと半笑いの部分がない。トシちゃんとかマッチはもうちょっとネタっぽいんです。くすぐりとかギャグが随所に用意されていて、つっこみがいがあるんですよね。その「つっこみがい」みたいなものがここしばらくの日本のエンターテインメントでは不可欠な要素になっていて、完璧とか本気はなかなかない。だからこそかつての沢田研二や少年隊を見て「こんなに完成されたものが日本にあったのか！」って驚くんじゃないですかね。それは僕的に言えば今のBTSと同じなんですよ。

マキタ　真顔ですもんね。ずっとね。
スージー　真顔です。曲で言えば「デカメロン伝説」は半笑いだけど、「ＡＢＣ」「仮面舞踏会」は真顔。真顔で完璧ですね。

「ちょっとダサいけど完璧」っていう複雑な感情が重要

マキタ　当時のことを思い出してみると、少年隊が出てきたときはやっぱりすごいなと思ったんです。一方でちょっとダサいなって思ったのも覚えていて。というのも、ほぼ同時代に風見しんごさんがブレイクダンスを取り入れるじゃないですか。あれはニュースクールだったんですよ。しかもＭＴＶの時代でもあったから、音楽でもダンスでも、ヒップホップをはじめ新しいものが続々と出てきていたことは田舎の中学生だった僕らにもわかった。でも少年隊のダンスってモダンとかジャズの要素が基本になっていて、わりとトラディショナルなムーブなんですよね。それでちょっとダサい印象があったんです。ところがですね、途中からヒガシさんがピックアップされるようになるでしょ。
スージー　世の中的にもそうでしたよね。
マキタ　最初はニシキさんだったんだけど、世の中的にしょうゆ顔のヒガシさんが標準になっていくじゃないですか。同じ頃、少年隊のダンスにもフリースタイルというか、振付と違うオリジナルな動きが導入される。そのときのヒガシさんの動きが明らかにマイケル・ジャクソン系なんですよね。たぶん自ら取り入れたものなんだけど、それが目につくぐらい、舞踊のスタイルとしては保守的だった。だから見ている気分としてはなんかちょっと古い。だけどやっぱり隙がない、目が気持ちいい、かっこいい。そういう複雑な感覚がありましたね。

スージー　音楽的にはディスコですから。80年代後半の時点で、例えば「ABC」のビートって新しくはないわけですよね。すでにヒップホップが出てきているわけですから。でも、矢野利裕くんの『ジャニーズと日本』（講談社現代新書）によると、フォーリーブス以降のジャニーズはディスコであって、その完成形が少年隊だということになる。彼らがデビューした1985年って、それこそ「なんてったってアイドル」（小泉今日子）とかおニャン子クラブの時代で、時代がまるごと半笑いになっているわけです。芸能界全体がつっこまれる前提で動いていたところに、少年隊という完璧な商品が出てきた。だからマキタさんがおっしゃった通り、やや時代からずれているところもあるかな、という感じはありました。

マキタ　とんねるずも1985年頃にはパロディ路線でヒット曲を出していますからね。その「ちょっとダサいけど完璧」っていう複雑な感情が重要な気がするんですよ。

その後、しばらく経ってからですけど、SMAPが出てくるじゃないですか。彼らが背景にしていたのはクラブカルチャーで、ダンスもディスコとは違いましたよね。世の中的にも、渋谷系とかサンプリングみたいなものが音楽やカルチャーを席巻していった時代に、SMAPは「自分たちアイドルですから」っていう批評的なスタンスを積極的に示して、バラエティの場で自分たちのことをどんどんネタにして時代の寵児になっていった。

少年隊がヒットしたのはその前夜で、ミュージカルスターを作りたかったジャニーさんの最高傑作というのは納得できるんですけど、ジャニーズあるいはアイドルの市場やニーズがだんだん変わっていく、時代の転換点の直前に位置していたのがね。

スージー 皮肉ですよね。

マキタ 作品の数も少ないじゃないですか。テレビからどんどん歌番組が消えて、アイドルの主戦場がバラエティになっていった時代に、すごい高精度で3分間のミュージカルみたいなことをやっていた。時代がそれを要求しなくなっていたというかね。

スージー 1984年ってCDとレコードの端境期ですよね。『1984年の歌謡曲』（イースト新書）のあとがきに書いたんですけど、音楽業界が一度、底を打った時期なんです。少年隊はその翌年にデビューしたから、とにかくタイミングが悪い。「仮面舞踏会」ってイメージとしては80万枚、100万枚売れている感じじゃないですか。ところがオリコンを調べたら47・8万枚なんですよ。

マキタ あちゃー、そうだったんだ。少ないですね。

スージー 「デカメロン伝説」は27万枚、「ABC」でも25・4万枚。要は20万枚ベースの人たちだったんですよね。当時の縮小したマーケットのなかでは存在感があったけど、パイ全体が小さかったわけで、すごく損をしてるっていう話もあります。生まれてくるのがちょっと早ければ、あるいは遅ければっていう。近藤真彦の「スニーカーぶる～す」は100万枚売っていましたから。

マキタ　ただ、今の動画の時代に若い子たちが少年隊を見て発見するのは、その完璧さゆえなんですよね、きっと。ローコンテクストというか、時代の空気みたいな文脈に依存しないから、身体性のすばらしさと、作品の質の高さだけで、時代を飛び越えて受け入れられた。

一方、時間と空間を共有しているわれわれは文脈に左右されちゃうから、時代性の強いハイコンテクストなものの評価がどうしても高くなる。一番象徴的なのがたぶんＳＭＡＰだと思います。少年隊の動画を外国人が見るリアクション動画、見たことあります？「ワオ」なんて言ってめちゃくちゃ喜んでいるんですよ。ＳＭＡＰを見てもああはならないと思うんですよね。そう考えると、少年隊って言葉が通じない人たちに向けた芸能のひとつの最良の形だったのかもしれないなとも思います。

スージー　「仮面舞踏会」がデビュー曲で、2曲目が「デカメロン伝説」っていうのはわりと深いんですよね。ジャニーズは基本的にボーカルミュージックじゃなくてダンスミュージックであるというのがひとつの柱で、もうひとつコミック性というのがあるんです。田原俊彦「キミに決定！」とか、近藤真彦「ホレたぜ！乾杯」みたいな、ギャグっぽい歌ね。

ディスコとコミカルの構図に当てはめると、「仮面舞踏会」はディスコの完成形で、「デカメロン伝説」は半笑いじゃないですか。秋元康を招聘して♪ドレミラミレドラシドミドラソとか歌っている。たしか「仮面舞踏会」はＢ面が3種類あって、なかには軽い曲も入っていたから、ごく初期にはどっちに進むか検討していたのかもしれません。いうて「仮面舞踏会」は48万枚近く売れたし、作品としてもすごい。「デカメロン」は27万枚だから、その対比がよくも悪くもその後の方向性を決定づけたんでしょうね。

それがキャリア的によかったのかどうかはわからないけど、完璧にパッケージされた作品として「STRIPE BLUE」とか「ABC」を出していくほうを選んだわけです。当時、私は上京したてで、ラジオで「ドレミラミレド」を聴いて、何が始まったんやろうって思いましたよ。「仮面舞踏会」とずいぶんちゃうやんかと。

マキタ　「ワカチコ!」ですからね。

スージー　両方、筒美京平が作ってるのもすごいっちゃすごいんですけど。

少年隊はアイドルのメインストリームとは明らかに違う

——「仮面舞踏会」は大人を意識して作ったそうですが、「デカメロン伝説」は子供でも歌えるようなアイドルソングを作りたかったと、35周年記念ベスト限定盤のインタビューで東山さんが話していました。

スージー　編曲家の船山基紀さんにインタビューしたとき、「仮面舞踏会」のときはとにかくプレッシャーがすごかったと言っていました。筒美京平と組むアレンジャーのなかで、船山さんはわりとインパクト派といいましょうか、同時期のC-C-B「Romanticが止まらない」のイントロ、♪タッタタッタッタッタタラッタラッタ～タタ～みたいな。でも「仮面舞踏会」の、特にイントロはもうね。

マキタ　♪ダラララララッ、ダッダッ！ってね。

スージー　4度で下がってくる。まったく機械的で、音楽的には意味をなさないものなんですよ。で、5拍子なんです。まったく不条理なプログレッシブなパッセージなんですけど、でも「仮面舞踏会」の満足度の半分ぐらいはあのイントロですね（笑）。

マキタ　でも意味はあるんだ。

スージー　そうです。ずっと4度だから、ドからソにいってレにいってラにいって。マキタさんのお好きな全音階（ホールトーン）で、等距離でキーボードを押していくだけの、音楽的な情感ゼロの、あっと言わせるだけのフレーズなんですね。そうご本人から聞きました。それで次は♪ドレミラミレドですから、落差がすごいですよね。僕は「デカメロン」派なんですけど、世の中の8割は「仮面舞踏会」派ですよね。完成度からすると当然そうです。

マキタ　だってわれわれは、もうその前から少年隊の存在は一応見ていましたし知っていましたからね。「満を持して」感がすごかった。

スージー　エンディング近くの「いっそX・T・C」の大サビも強烈だった。筒美京平×ジャニーズでいうと田原俊彦の「抱きしめてTONIGHT」（1988年）に近いです。あの♪ターラータラッタラーラ、ターラータラッタラーラというイントロが、エンディングで同じ音列のハーモニーで♪TELL ME 心なら TELL ME 動いているって出てくるじゃないですか。あの「あー、すごい！」ってダメ押しされる感じに近い。いわゆる「大サビ」のかなり先駆ですね。しかもジャニーズには珍しくハモったりもしていて、これでもかとダメを押してくるわけです。

マキタ　これは振りまねしましたよ、当時。男3人で。「いっそX・T・C」のくだりがウケるんですよ。おかげで右膝がダメになりました（笑）。やりすぎて。

スージー　あのハーモニーもまねしやすくって、カラオケの場で映えるんですよ。ただ、さほど難しいことをやってるわけではないにしても、あれだけ体を動かしながらちゃんとハモをとれるっていうのは、やっぱりあらためてすごい。あの大サビは本当に「X・T・Cポイント」でしたね（笑）。

マキタ　あらためて動画を見ると、これも娘から輸入した言葉なんですけど、表情管理がすごいんですよ。もともとはK-POPのファンが使っていた言葉らしいんですけど、さらに進めて概念化すると、すなわちキャラクター管理のことなんですよね。例えばSMAPでいうと、とにかく木村拓哉さんが完璧。コンサートのどの瞬間を切り取っても完璧にキムタク。その観点で見るとね、やっぱり錦織さんが完璧ね。本当に完璧。一瞬たりとも気を抜いていない。

　最初のうちはね、ヒガシさんは意外とそうでもないんですよ。まだちょっと素人っぽい。で、カッちゃんはもうカッちゃん。天衣無縫な感じで、生まれっぱなしのかわいらしいキュートさがある。それに対して錦織さんは、もうなんつうかな、ちょっとゾッとするくらい完璧なんですよね。カメリハで段取りやりますけど、たぶんそこで100パーセントのものを出せるように準備しているのがすごくよくわかる。とんでもないなと思いますね。

スージー　日本のいわゆるアイドルグループのダンスって、ジャニーズだけじゃなくてＥＸＩＬＥ系とか坂道系とかも含めて、基本的には複数のメンバーが一糸乱れず同じ動きをするんです。マキタさん言うところの「日本におけるダンスは振付である」ですね。で、歌はユニゾン。斉唱ですね。日本のアイドル、特に女性アイドルは、幼さや未成熟さを愛でるという極めて日本的なカルチャーがベースにあって、ジャニーズもそうですよね。つまり完成度じゃなく、むしろ未完成度で売っている。

完成度で売る少年隊はそうしたアイドルのメインストリームとは明らかに違って、ＢＴＳとかＫ-ＰＯＰアイドルに近いんですけど、こっちのほうが世界標準ではあるんですよね。つまり日本では異色のアイドルと受けとめられがちですけど、実はそれとは別軸だったんじゃないかなって思うんですよ。当時の雑誌などでは未成熟な面も見せていただろうけれど、少なくともステージ上では、ジャニー喜多川が心から希求したショービジネスの完成品としてあった。この違いは何なんだろう、と思っていました。

マキタ　ジャニーさんという人は不思議な感覚の持ち主ですよね。日系二世だから外国人目線が基本なんですよ。一種のオリエンタリズムがジャニーズのアートを特徴づけている。少年隊だの忍者だのＴＯＫＩＯだの、ネーミングからして「外から見た日本」ですよね。悪く言うと天然なんだけど、本人は天然のつもりは毛頭なかったろうなって思うんですよ。本気であいうものを作りたかったし、その完成形が少年隊だった。

商売としては日本のマーケットでやっていかなくちゃいけないから、当然、未熟なものを投入していくわけで、スージーさんが言うその両軸がミックスされてジャニーズという不思議な芸能集合体ができていたんだろうなと。少年隊を見ていると、ジャニーさん自身は本気でブロードウェイミュージカルや『ウエストサイド物語』やマイケル・ジャクソンに比肩するものを作りたかったんだろうなと実感するんですよ。「なんちゃって」は絶対になかったはずなんですよね。

ただ、そのなんて言うんでしょうかね。ジャニーさん独特のセンスっていうのが、それは近田春夫さんもよくおっしゃっていますけど、顔の系譜っていうのがちゃんとあって。俺、発見したんですよ。錦織さんってあれですね、生田斗真につながりますね。

スージー　発端はおりも政夫でしたっけ（笑）。

マキタ　そうそう。おりも政夫のずっと先に生田斗真がいて、さらにその先には、最近「ザ少年倶楽部」（NHK BSプレミアム）っていうジュニアの子たちの番組をよく見ているんですけど、現・少年忍者の川﨑皇輝っていう子が生田斗真そっくりなんですよ。おりも政夫、錦織一清、生田斗真を経てその子までつながる、ちゃんとした系譜がある。ジャニーさんの審美眼にはそういう確かな基準が備わっていて、「なぜこの子なの?」って、例えば光GENJIの誰それを見たときに最初は思ったりしたんですけど、その系統の子がのちのち準備されているんですよ。

その審美眼というかセンスは、誰も理解が及ばないところですよね。だからさっき言ったように、ジャニーさんは本気で最高峰のミュージカルスターを作りたかったんだろうとは思うんですけど、微妙な好みというかゆがみというか、独特なセンスがあるのが面白いところですよね。コミカルなもの、未熟なものを愛でる性質もジャニーさんには確実にあったし。

スージー　さっきの僕の話でいうと、ディスコを完成の軸、コミカルを未成熟の軸に置き換えるとピタッと並ぶんでしょうね。メンバーが複数人いたら、こっちの極からあっちの極までズラッと並ぶ。ただグループによって色合いは違うし、少年隊は全体の平均値がディスコ／完成寄りだった。

「デカメロン伝説」にブルーノートを混ぜているのは絶対に狙い

マキタ　「デカメロン伝説」の♪愛している〝きーみだけ〟って……。

スージー　ミ♭ーミレド、ですね。

マキタ　あれはブルーノートですか。

スージー　ブルーノートです。

マキタ　ブルーノート、コミカル説あるじゃないですか、われわれの間で。

スージー　ちょっと説明が難しいんで省かせていただきますけど、あります。

マキタ　「デカメロン伝説」ってコミカル要素を満たしていますよね。

スージー　100点満点です。「愛している　きみだけ」の「き」の音がミのフラットなんですよ。それがブルーノートっていう、黒人音楽発祥の音なんですけど、日本ではややギャグっぽく響いてしまうという。

マキタ　子供向けの歌に多用されていますよね。
スージー　筒美京平はわかっているんですよ。筒ミ♭京平（笑）。
マキタ　京平さんはジャズでもビル・エヴァンスとか、きれいな和声が好きなんですよね。ヨーロッパのセンスもまとっている。でも面白系の曲にはミのフラットを混ぜるんですよ。
スージー　筒美京平の系譜でいうと「デカメロン伝説」は鈴木蘭々の「泣かないぞェ」（1995年）に連なります。
マキタ　だからスージーさんがよく言うのはアニメソングとかで、例えば、いずみたくの曲だけど「ゲゲゲの鬼太郎」とか。
スージー　♪ゲゲゲのゲ〜の「ゲ〜」がミのフラットですね。
マキタ　あと「妖怪人間ベム」とか。歌謡曲ではピンク・レディーがよく使っていましたよね。
スージー　そうそう。子供向けの音楽に日本人の感覚としてはおかしみを感じるような音を混ぜるのが、当時の音楽家たちのなかには不文律としてあったのかもしれません。
マキタ　だから「デカメロン伝説」にそれを混ぜているのは絶対に狙いですよね。
スージー　狙いですね。
マキタ　俺、全部は知らないけど、やっぱり京平さんの初期の曲が代表作って感じなんですかね。3枚目の「ダイヤモンド・アイズ」は違いますけど。
スージー　長沢ヒロさん。むしろジャニーズに多い新しい才能の起用ですね。

マキタ　ここで流れを変えようと思ったんですかね。今聴くといい曲ですよね。俺、好き。次でまた京平さんに戻すから、あんまり売れなかったんだろうけど。

スージー　14・5万枚ですね。これはかなり屈辱だったと思いますよ。

マキタ　絶対「やばい」って思ったはずですよね。

スージー　で、次の「バラードのように眠れ」が松本隆・筒美京平で、23・1万枚に復活。ここからまた伸びるんですよ。「STRIPE BLUE」で25・2万、「君だけに」で28・8万、と。

マキタ　「君だけに」って28・8万？

スージー　時代が悪かったです、とにかく。絶対数で見ないほうがいいと思います。

——ファンクラブの人数も意外に少ないんですよね。少年隊は累計で約17〜18万人だったのに対して、光GENJIは1年間で50万人を突破したと聞いています。

スージー　やっぱり日本のアイドルミュージックは未成熟なほうがウケるんでしょうね。年端もいかない10代の若者が、すね毛の生えていない脚にローラースケートを履いて、口パクをする。そっちが中心なんでしょうね。あらためてそれがわかりますよね。

マキタ　その50万が「国民」ですよね。

——少年隊の歌は若者に刺さらなかったんですかね。光GENJIみたいに「私たちのことを歌っている！」とはならないというか。

スージー　私は正直、未成熟なものを慈しむ文化って自分の中にあんまりないんです。むしろ完成品を好むほうなんですけれども、そういう人たちと議論になったとき、「あれはスージーが好きな夏の甲子園なんだよ」と言われたんです。「未成熟なものがだんだん成長していって優勝する、そのプロセスにベットしてるんだ」と。その話はわかりやすいと思いました。光GENJIとか、出だしの頃のSMAPとか、年端もいかない若者が一生懸命がんばる健気さに対して、少年隊は健気じゃなかったんですよね。できあがっていましたから。

マキタ　応援欲求、応援煩悩みたいなものがあるとするなら（笑）、明らかにくすぐられないですよね。少年隊の特徴は言語を飛び越えるローコンテクストなわかりやすさだけど、同じ言語圏内でのみ通用するハイコンテクストな要素が日本のアイドルとか芸能一般には一番重要なものなんでしょう。

スージー　僕もおニャン子は好きでしたし、否定する気はないんですけど、でもやっぱりBTSを見ていると悔しいじゃないですか。

マキタ　あはははは。

スージー　かっこよくて、完成度が高くて、アメリカ人が熱狂して、全米ナンバーワン。あー、日本からも少年隊だったらできたかもしれないって。ちょっとしばらくは無理なんじゃないですかね。SixTONESとか見ていると、完成度高いなって思う瞬間はありますけど、途方もない距離がある気もします。少年隊は単純でシンプルなディスコですよ、曲もね。なのに本当によくできている。

Travis Japanの動きは少年隊を彷彿とさせる

――筒美京平さんが亡くなっていろいろ動画を漁っていたとき、久しぶりに「ABC」を見て「BTS、日本にも30年前にいたんじゃん！」って思いました。

スージー　（笑）そう思わせる何かがありますよね。僕も少年隊で1曲選べって言われたら「ABC」です。歌詞が好きなんですよ。80年代後半の松本隆って、ちょっとイッちゃってると思うんです（笑）。軽薄になっていく時代に合わせようとしているというか。だって「Angel Baby Cupid」ですよ。

マキタ　♪Angel Baby Cupid 恋をしたら、ね。

スージー　松本・筒美・船山っていう、「Romantic が止まらない」とか中山美穂の「WAKU WAKUさせて」と同じトリオです。はっぴいえんどはどこいったんやって言いたくなるけど（笑）、割り切りがあるから歌詞もいいんですよね。音楽性もわかりやすいディスコだし、シンプルでてらいがなく乾いたこの感じ、おっしゃるようにもしかしたら世界標準だったかもしれない。とにかくこの3人が組むと情緒が入ってこない。僕は好きです。

マキタ　僕は今回、たぶん当時も1、2回しか聴いたことなかったと思うんだけど、あらためて聴き返したら「ふたり」がよかったです。飛鳥涼が作った曲でね。「君だけに」以来のバラードで、とにかくメロディがいいんですよ。「パラダイス銀河」とほぼ同時期で、当時は飛鳥さんの作曲能力も爆発していたから、珍しく作詞作曲を両方任せちゃっているんですよね。

スージー　25・2万枚。第2の「君だけに」ですね。

マキタ　そう。だから当時は地味に思ったんですけど、聴き返すとすごいです。あと「What's your name?」も好きです。動画を見たら、やっぱり錦織さんの動きがやばいんですよ。複雑なフォーメーションのなかで、フワーンとマイクを投げてターンして、たぶんとるんです。ほとんどの動画ではそこでカットが替わるからその瞬間が映っていないんですけどね。で、ニシキさんがいないと思ったら、東山さんの近くをサーッとスライディングして出てくる。僕もそれなりに舞台で体を使う人間なのでわかるんですけど、一定の尺のなかでスライディングを決めてシュッと立ち上がるとか、マイクを投げてターンしてとるとか、あれはすごいですね。曲芸的に派手なムーブももちろんすごいけど、地味なのにすごいんですよ。

あと「STRIPE BLUE」も好きです。これも印象が抜け落ちていたんだけど、完全にシティポップブームで再評価されるべきチューンじゃないですかね。京平さんっぽいメロディが随所に見られて。若いバンドがカバーしたらいい感じになりそうです。ナンバーワンはやっぱり「仮面舞踏会」ですけど、これは完成度が高すぎて、ほかの子たちがやってもダメですね、見くらべてしまって。

スージー　ちょっとまた話を混ぜ返しますけど、コジマさんているじゃないですか。トゥエルビ（BS12）の。

マキタ　はい。「ザ・カセットテープ・ミュージック」のスタッフですね。

スージー　彼女、すごいジャニヲタなんですよね。

スージー　ＳｉｘＴＯＮＥＳのファンでしたっけ。
マキタ　今は美 少年とかも好きなんですけど、僕、個人的にジャニーズの師匠としていろいろご教示いただいてるんです。でね、Travis Japanがいいなってちょっと思ったんですよ。彼らのダンスパフォーマンスがキレッキレで、コジマさんに「少年隊と似たようなものを感じる」って言ったら「わかりましたか」と。「トラジャが気に入ったらジャニーズの本当のファンですよ」と。「そうっすか、師匠！」って感じ（笑）。
スージー　日本酒の世界ですね。「獺祭じゃないんです！　越乃寒梅の……」みたいな。
マキタ　「酒の匂いがしないとね。あんなフルーティなのじゃ……」なんつって。
スージー　ダンスの完成度？
マキタ　そう。全体的に粒が揃っているうえにまとまりがよくて、とにかく完成度が高い。それこそＢＴＳとかの、Ｋ-ＰＯＰのアイドルたちに近いんですね。はっきり言って歌唱は弱いんですけど、動きは本当に少年隊を彷彿とさせる。ところが、ここで娘に話が変わりますけど、「トラジャみたいな本物は私も好きだけど、デビューして人気者になるかっていったら別なんだよね」って、娘師匠が言っていました（笑）。
スージー　両師匠から。立川流と古今亭みたいな。
――Travis Japanは今、YouTubeで〝ジャニーズクラシック〟というのをやっていて、少年隊も含めた昔のジャニーズの曲を新しい振付で踊っていますね。その「FUNKY FLUSHIN'」の動画を少年隊ファンが見て喜んでいる。デビューをずっと待ちわびるTravis Japanに、あんなにすごかったのに正当に評価されていない少年隊という思いを重ねてしまうのかもしれません。

マキタ　そうなんだねぇ。

スージー　物語性みたいなものが発動すると、アイドルは強いですよね。作品とかパフォーマンスだけじゃなくて、バックストーリーみたいなものがファンを固めていくという。これは日本独特なのかもしれませんが。みんな好きなんですよ、夏の甲子園が（笑）。

マキタ　そうだな。一瞬の斎藤佑樹に入れあげちゃうんですよね。わかるんですけどね。

スージー　ドラフト会議のあとに「ドラフト緊急生特番！　お母さんありがとう」（ＴＢＳ系）やっちゃうんですよ。わかるんですけど、僕はああいうのとは極力、距離を置くようにしています。作品だけで話をしたいんですね。「ＡＢＣ」とか「仮面舞踏会」がいいという話をしたい。バックグラウンドは知らないぞ、という（笑）。

マキタ　意志の力でぶっちぎらないと、油断すると引っ張られちゃうからね。

スージー　自分にもその要素があることはわかっていますからね。

――ヒガシさんがナレーションをやっている「プロ野球戦力外通告・クビを宣告された男達」（ＴＢＳ系）なんか見たらもう……。

マキタ　夫婦でうどん作られた日には、どうしてもググって行きたくなっちゃいますよね。「違う違う、プレーで見るぞ！」ってね。

スージー　スナックとか焼き鳥屋ならまだいいんですけど、條辺剛のうどん屋はグッとくるんですよね（笑）。我慢、我慢。

マキタ　（笑）それは本当にわかる。我慢、我慢ですよね。作品を評価しないと。政治の世界もさ、極力、政策で見ないと。

スージー　お好み焼き食べて広島カープファンとかって、「いや東京生まれやろ！」って（笑）。

マキタ　そう。情緒に引っ張られないっていうさ。だけどやっぱり現実は、少年隊ファンクラブは17万人で光ＧＥＮＪＩは一瞬で50万人という世界で、それはいつまでも変わらずあるわけだからね。ジャニーさんも揺れていたのかもしれないしね。日本の芸能シーンを変えてやろうくらいの勢いもあったのかもしれないけど、ただ売れるものとか愛おしいという感覚とかに関してはね、ずっと日夜研究をしていたんでしょうから。

スージー　彼の直感が、あそこまでのものを作り上げたわけですからね。

マキタ　でもＫ‐ＰＯＰのアイドルには、ちゃんと修練の期間があるわけじゃないですか。出荷するまで熟させる時間がある。その違いがすごく大きいんでしょうね、日本とは。未完成のままパッと出しちゃうほうがウケますからね。

――そのわかりにくい味を「素材の味がよぉ」って愛でるみたいな。

マキタ　すぐ塩でいただこうとするしね、日本人はね（笑）。

ヒガシの人気によってしょうゆ顔という言い方が生まれたんじゃないか

――さっきチラッと「しょうゆ顔」というワードが出ましたが、当時は人気があったんですか?

スージー むしろヒガシの人気によってしょうゆ顔という言い方が生まれたんじゃないかというほど、80年代の後半はシンボリックな存在でしたね。

マキタ あの言葉が生まれたことでフェアリーなカッちゃんが割を食ったというか。ヒガシさんとニッキさんがしょうゆとソースに完全に分かれちゃった感じだったから。あれはどこが発祥なんですかね。「an・an」とか?

スージー 明らかにメディアの動きではあったでしょうね。ただ、今日は1時間にわたって少年隊は完成されたグループで、作品もすばらしいみたいな話をしてきましたけど、世間はもっとわかりやすさで把握しようとするんで、「しょうゆ顔のヒガシというかっこいい人がいるグループ」っていうふうに認識されていくんですよね。それが日本の芸能界なんですけど。しょうゆ顔ブームのなかで、「少年隊はヒガシのグループ」みたいに変容していく流れはあった気がします。「仮面舞踏会」のときはニッキが真ん中でしたもんね。「ヒガシは足が長いからジーンズを切らなくてもはける」とか、音楽性とかダンスといった本質からだんだん外れていくんですよね。

マキタ あと体毛も嫌われ始めましたね、ヒガシさんの登場以降。ツルッとしている人がいいっていう風潮が本当に強まりました。

スージー　「3年B組金八先生」の第3シリーズで、すね毛が濃くて悩む男子生徒のエピソードがありました。少年隊とか光GENJIの影響ですね。

マキタ　さっきHiHi Jetsをよく見ているって話したじゃないですか。主に真ん中に立っている髙橋優斗くんって子がいるんですけど、彼の顔が郷ひろみさんの系統なんですよ。そこにV6の長野（博）くんを足したような顔。ゆうぴーって言われているんですけど、うちの娘師匠が「ゆうぴー、いいいんだけど、ちょっと毛っぽいんだよね」って言うんですよ。

――毛っぽい？

マキタ　僕から見たらツルッツルですよ。だけどやっぱりジャニーズファンの子たちには何か感じるものがあるみたいです。ほかのアイドルやジュニアの子たちを見ても、「この子ちょっと毛っぽいんだよなー」とか言っています。

――HiHi Jetsに毛っぽくない子はいるんですか？

マキタ　ゆうぴー以外は毛っぽくないですね。みんなツルン、キランです。僕から見たらゆうぴーだってツルン、キランですけど（笑）、まぁなんとなくわかるような気もするんですよ。眉毛の太さとか肌の質感とか、相対的な比較だと思うんですけど。やっぱり中性的でツルンとしている子のほうがジャニーズの王道というか、ジャニーズを愛でる女性たちの感覚にはそういう美意識があるのかなと思います。

スージー　セックスとの距離じゃないですか。セクシー、セックス的なものからの距離がある。汗とか毛とか体液とか体臭とか。

――錦織さんの顔の系譜のお話がありましたが、ヒガシさんの系譜ってあるんですか？　カッちゃんの系統はなんとなくわかるんですけど。

マキタ　ヒガシさんは一代年寄みたいな感じじゃないですか。大鵬部屋みたいな（笑）。いないことはないと思うんですよね、すっきりとした顔の系統って。だけどヒガシさんを完全に継承した人ってなかなかいないような気がする。

スージー　古今亭志ん朝ですね。美しくて、あとにも先にも類例がない。

マキタ　顔でいうと昔、ナンシー関さんのコラムで顔面の基盤が江頭2：50と江口洋介が同じであると。

スージー　あぁ、なんとなくわかる（笑）。

マキタ　それを読んでハッとしたんですけど、ジャニーさんもやっぱり顔の基盤を見ていたような気はしますね。僕らが想像もつかない高解像度で見ていたと思います、絶対に。だからこそ郷ひろみから髙橋優斗まで一貫したテイストがあるんだと思うんですよ。

ジャニーズの厚みの起点に少年隊がある

スージー　最近のジャニーズの音楽はちゃんと聴いていませんけど、たまに「あ、全米進出も考えてるのかな」って思う曲がありますよね。明らかにレベルが上がっていて、日本の芸能界のスケールに合わない「仮面舞踏会」みたいなものが、もしかしたら近い将来に出てくるかもしれない。
マキタ　それは僕、期待したいですね。SixTONESの「Strawberry Breakfast」っていう曲はいいパロディ感があって、アース・ウィンド&ファイアーとかを元ネタにしているのが明らかなんですよ。だけど途中で田中樹くんがラップをするパートはもう完全に現代仕様。今のワールドスタンダードな感じ。そうやって世界に出ていってもらいたいなと思いますね。
スージー　逆に日本のマーケットがちびたものになってきてますから、アメリカとかを目指してもらわないとね。
――Snow Man も King & Prince も YouTube チャンネルを始めていますし、たぶん本当に世界は狙っているんじゃないかと思います。
スージー　SixTONESの「Imitation Rain」だったかな。YOSHIKIが作った曲。あれはもうアメリカ仕様だなって思いますよ。実際にいけるかどうかは別として。明らかにこれまでとは違ってきていますよね。少年隊のレガシーが受け継がれると思います。
マキタ　時を経て少年隊がまた注目されるのはいいですよね。娘が「ジャニーズになりたい」って言う気持ちが少しわかるんですよ。「事務所に入ってマネージャーになりたいの?」って言ったら「そうじゃない」と。「私はジャニーズそのものになりたいんだ」って言うんですよ。そしたらさっき言ったコジマ師匠も「わかります」って言うんですよ。何を言ってるんだこいつらは、って思っていたけど、最近うっすらわかるんですよ。これまで少年隊やらSMAPやら嵐やらがいて、あどけないジュニアの子たちもいる、そのジャニーズという世界のなかにいたいっていうことなのかなと。東京ディズニーランドに行ってその世界に浸っていたいというようなことで。そのなかに誰もまねできないぐらい到達点が高い少年隊がいるっていうのはすごい重要な気がする。

スージー 振り返ったときに厚みが出ますよね。

マキタ そう。厚みの起点になっているものなんじゃないですか。

まきた・すぽーつ

1970年1月25日生まれ、山梨県出身。“音楽”と“笑い”を融合した「オトネタ」を提唱し、最近ではJ-POPで多用されるテクニックを1曲に詰め込んだ「雨ふれば」をリリース。俳優としては、映画『苦役列車』で第55回ブルーリボン賞新人賞などを受賞。その後も映画、ドラマなどに数多く出演している。

すーじー・すずき

ラジオDJ、音楽評論家、小説家。bayfm「9の音粋」月曜DJ。BS12「ザ・カセットテープ・ミュージック」出演。著書に『EPICソニーとその時代』『平成Jポップと令和歌謡』『恋するラジオ』『80年代音楽解体新書』『イントロの法則80's』『サザンオールスターズ1978-1985』など多数。

★「ザ・カセットテープ・ミュージック」特番放送決定！ 2021年12月26日（日）BS12トゥエルビにて20時〜。恒例企画「カセットテープ大賞」やスペシャルゲスト登場も！

第2章

輝く「大三角形」
少年隊が
築きあげたもの

ランキングから見えてくる愛され楽曲

「渋谷のザ・ベストテン」史上最高の再生回数をたたき出した"少年隊限定ベストテン"を解説付きで振り返る

音楽マーケッター
臼井孝

私は、ヒット曲には「記録のヒット」と「記憶のヒット」があると常々思っている。「記録のヒット」には、その楽曲がリリースされた時期に、レコードやCDのパッケージが売れ、また今ならストリーミングやYouTubeなどの再生回数が突発的に伸びるといったものが該当するだろう。これに対し「記憶のヒット」は、リリース時はさほど話題にならなくても、ライブの定番曲としておなじみになったり、共感されてカラオケで歌われることで、人々に愛される楽曲だと個人的に定義している。

こうした観点から、2019年、1アーティスト限定の総合ベストテンを決定する番組として「渋谷のザ・ベストテン」（渋谷のラジオ）はスタートした。さらに、2020年からはツイッター上でのファン投票を取り込むことによって、よりリアルな総合ランキングを目指した。この第1弾が西城秀樹限定ベストテンで、これが大いに盛り上がったことで、以降、KinKi Kids、荻野目洋子、山口百恵、工藤静香と限定ベストテンが継続され、要望の多さから第6弾として少年隊限定ベストテンを実施した。このランキングは、2020年9月9日に発表したのだが、今でも番組のトーク部分を抽出したnote（https://note.com/hashtag/shibuten）は「渋谷のザ・ベストテン」史上最高の再生回数となっている。

シングル売上／カラオケ／ファン投票の総合ベスト40

そこで今回は、いくつかの楽曲の解説を交えながら少年隊限定ベストテンを振り返ってみたい。ランキングは少年隊名義の楽曲を対象として、以下の3要素から総合的に決定した。カラオケリクエストは、番組発表時の2019年度から、2020年の1年間のデータに更新したので、多少順位が変動している。

◆シングル売上順位（全25曲）……30％
◆カラオケ年間歌唱回数（2020年）上位30曲……30％
◆ツイッターリクエスト（全1435票）上位35曲……40％

渋谷のザ・ベストテン【少年隊限定ベストテン】総合ベスト40

順位	得点	曲名	発売日	初収録作(空欄はシングル)	シングル	カラオケ	リクエスト
01	9,087	君だけに	1987/6/24		2	2	7
02	8,699	ABC	1987/11/11		5	7	3
03	8,033	仮面舞踏会	1985/12/12		1	1	18
04	8,025	まいったネ 今夜	1989/6/19		11	3	6
05	7,782	STRIPE BLUE	1987/3/3		7	8	8
06	7,743	バラードのように眠れ	1986/11/28		8	6	9
07	6,762	Oh!!	1995/12/1		10	10	12
08	6,633	What's your name?	1988/7/8		9	9	15
09	6,491	星屑のスパンコール	1986/9/1	翔 SHONENTAI		5	2
10	5,845	ダイヤモンド・アイズ	1986/7/7		12	11	17
11	5,526	デカメロン伝説	1986/3/24		4	4	34
12	5,427	The longest night	1999/1/27	Prism		17	1
13	5,375	Baby Baby Baby	1989/9/21	PLAYZONE '89 Again		14	4
14	5,224	じれったいね	1988/11/10		3	13	30
15	5,027	SILENT DANCER	1988/3/5		14	(31)	5
16	4,615	ふたり	1988/3/23		6	12	33
17	4,184	封印LOVE	1990/4/10		15	16	24
18	3,996	愛と沈黙	1998/8/26		17	19	21
19	3,911	情熱の一夜	1999/6/23		22	22	14
20	3,596	湾岸スキーヤー	1998/1/28		13	15	32
21	3,151	EXCUSE	1993/11/19		21	18	25
22	3,049	レイニー・エクスプレス	1986/7/7	c/w ダイヤモンド・アイズ		20	19
23	3,009	グッバイ・カウント・ダウン	1987/7/1	TIME・19			10
24	2,893	ダンス ダンス ダンス	1990/6/30	PLAYZONE '90 MASK			11
25	2,858	ミッドナイト・ロンリー・ビーチサイド・バンド	1987/6/24	c/w 君だけに		29	13
26	2,806	誘われてEX	1999/1/27	Prism		26	16
27	2,488	PGF	1995/12/1	c/w Oh!!		21	23
28	1,851	こわがらないで、天使	1987/7/1	TIME・19			20
29	1,620	HOLD YOU TIGHT	1997/7/10	PLAYZONE '96 RHYTHM			22
30	1,353	FUNKY FLUSHIN'	1990/7/7		18	27	(43)
31	1,267	サクセス・ストリート	1986/9/1	翔 SHONENTAI		24	31
32	1,200	LADY	1987/11/30		16	(32)	×
33	1,157	First Memory	1987/4/28	PRIVATE LIFE			26
34	1,041	bite the LOVE	1998/8/5	PLAYZONE '98 5night's			27
35	926	愛の手紙	1988/11/10	c/w じれったいね			28
36	840	砂の男	1990/12/12		19	(51)	×
37	830	ロマンチックタイム	2000/2/2		24	25	(36)
38	810	ONE STEP BEYOND	1985/12/12	c/w 仮面舞踏会(タイプC)			29
39	787	春風にイイネ!	1985/12/12	c/w 仮面舞踏会(タイプB)		23	(37)
40	720	You're My Life ―美しい人へ―	1993/4/27		20	(54)	×

＊シングル25曲、カラオケ30曲、リクエスト35曲の上位を対象に、3部門を3：3：4の比率で加点

なお、少年隊の楽曲は2021年現在も音楽配信サービスに解禁されていないため、今回の総合ランキングには音楽配信部門は考慮されていない。また、番組では演出上の都合で、下位から発表する構成だが、ここでは上位から順に紹介する。

まず、総合ランキングのトップ3は、「君だけに」「ABC」「仮面舞踏会」と、今でも伝説のスターを振り返る番組でプレイバックされることの多い鉄板の3曲が並んだ。ただし、名詞代わりとも言える「仮面舞踏会」はここでは3位。これはツイッターリクエストの18位が総合順位を下げた要因となっている。総じてコアなファンはあまりに有名な曲をあえてリクエストから外す傾向があり、西城秀樹「YOUNG MAN（Y.M.C.A.）」や中森明菜「DESIRE-情熱-」でも同様の結果が見られた。とはいえ、別の機会に「筒美京平作品限定ベストテン」を実施したところ、「仮面舞踏会」はリクエスト部門第1位となったことから、少年隊ファンに限定しない場合、熱い支持を得ていることがよくわかる。

「少年隊といえば？」名刺代わりのトップ3

第1位の「君だけに」は、1987年に発売された通算6作目のシングル。シングルを選考する際、いつも自信のある錦織と植草もこのあまりに美しいスローバラードは「ヒットしないのでは？」と不安だったらしい。それを山田卓による格調高いダンスと、一途な熱唱（歌だけでも聴かせるという新たなイメージ）を見せることで、オリコントップ100位内21週と、少年隊最大のロングセラーに輝いた。シングル2位、カラオケ2位、リクエスト7位で総合1位に。

第2位「ABC」は1987年11月11日発売。「仮面舞踏会」「ダイヤモンド・アイズ」「STRIPE BLUE」「ABC」「FUNKY FLUSHIN'」「砂の男」、そして2000年の「ロマンチックタイム」と、ジャニーズ事務所のゾロ目発売日に縁起を担ぐ傾向は少年隊の作品でも多く見られる。本作は松本隆作詞、筒美京平作曲、船山基紀編曲という、C-C-B「Romanticが止まらない」や、中山美穂「WAKU WAKUさせて」と同じ80年代最大のヒットトリオによるダンスチューン。

当初はバブル全盛期の忘年会向けの能天気な楽曲と思っていたが、後年カラオケで歌ってみてあまりの複雑なリズムに、彼らの歌のうまさ、そのうえ激しく踊る完璧さに自分の浅はかさを悔やんだ（苦笑）。タイトルはジャクソン5のダンスナンバーを想起させ、沖田浩之「E気持」に登場するような当時の若者たちの間で流行していた隠語を意識させつつも、歌詞中に「Angel Baby Cupid」を登場させ、恋の始まりをイメージさせるなど、決して下品にならないよう回収しているのも松本隆の手腕と言えよう。

第3位の「仮面舞踏会」は記念すべきデビュー作。それまでのオリコンは、表題曲が同じシングルでもカップリング曲が異なる場合は別作品としてセールスを集計していたのに、本作ではカップリング（「日本よいとこ摩訶不思議」「春風にイイネ！」「ONE STEP BEYOND」）とジャケットの異なる3種類のレコード売上を合算して1位としてしまうミラクル級の〝忖度〟がなされた。このことも当時シングルレコードではかなり難しくなっていたハーフミリオン（オリコン調べでは約

48万枚）を実現できた要因だ。この集計方法は1988年8月に4種類のカップリング曲違いでデビューした男闘呼組の「DAYBREAK」にも適用された。

とはいえ、オリコンや「ザ・ベストテン」で約3カ月も週間トップ10入りしたのは、楽曲の完成度の高さあってのことだろう。錦織の要望から「矢沢永吉と同じ作詞家で」と起用されたちあき哲也によるヤングアダルトな歌詞、ラストの大サビをより盛り上げるため別のアゲアゲなメロディを入れる筒美京平の緻密な曲想、そして舵取りの多いチームの誰もが文句のつけようのないものを目指したという4分の5拍子のユニークなイントロを編み出した船山基紀のアレンジと、非の打ち所がない。レコード、カラオケ1位に対し、リクエストは前述の理由により18位だが、誰もが認める名曲だろう。なお、発売翌年に初出場したNHK紅白歌合戦では、司会の加山雄三が「仮面ライダー」と紹介したことも語り草となっている。

神曲がひしめき合う混戦ランキング

総合第4位から第6位もほかのアーティストならトップ3になってもおかしくないバランスのよいヒット曲が並んだ。

第4位は「まいったネ 今夜」で、当時ポニーキャニオンで田原俊彦を担当していた羽島亨が、メリー喜多川の強い要望により、メーカーの枠を超えて制作を手がけた。その結果、大人の少年隊を打ち立てる、スウィングジャズを基調とした華麗なポップスに仕上がっている。ただし、羽島は

シングル売上部門ランキング

順位	売上(万枚)	曲名	最高位	登場週数
01	47.8	仮面舞踏会	1	18
02	28.8	君だけに	1	21
03	27.7	じれったいね	1	12
04	27.0	デカメロン伝説	2	12
05	25.4	ABC	1	14
06	25.2	ふたり	2	13
07	25.2	STRIPE BLUE	1	12
08	23.1	バラードのように眠れ	1	15
09	22.2	What's your name?	1	12
10	21.2	Oh!!	10	10
11	19.9	まいったネ 今夜	1	12
12	14.5	ダイヤモンド・アイズ	1	10
13	13.2	湾岸スキーヤー	15	7
14	10.8	SILENT DANCER	5	12
15	9.5	封印LOVE	2	6
16	9.3	LADY	5	10
17	7.5	愛と沈黙	12	7
18	4.9	FUNKY FLUSHIN'	10	6
19	4.9	砂の男	14	6
20	4.4	You're My Life –美しい人へ–	18	3
21	2.3	EXCUSE	36	3
22	2.3	情熱の一夜	24	3
23	2.2	君がいた頃	26	3
24	1.9	ロマンチックタイム	35	2
25	0.5	想 SOH	39	1

＊オリコン調べ、登場週数は100位内。
「じれったいね」は「続・～」(9.3万枚)との合算

振付についてまったく想定しておらず、本格的なダンサーさながらにスタジオいっぱいに踊りながら完璧に歌う彼らを見て非常に驚いたそうだ。

第6位の「バラードのように眠れ」と第5位の「STRIPE BLUE」は、1986年末から1987年にかけて、松本隆作詞、筒美京平作曲、馬飼野康二編曲の布陣で続けてリリースされたナンバー。「バラードのように眠れ」は電話の呼び出し音から始まるイントロが印象的で、歌詞の「Private Phone 4009」が発売当時大きな話題を呼び、実際に間違い電話が多発したというエピソードがある。

「STRIPE BLUE」は、椎名林檎が「関ジャム完全燃SHOW」で「ここまで眩しい夏の曲には未だ出会えておりません」と絶賛した爽快な曲だ。特に植草の若々しい高音が楽曲の瑞々しさを顕著にしている。これも実際に歌ってみると、東山パートの出だしが入りづらく、全体の音域が広いので、カラオケで高得点を出すのが非常に難しい。少年隊はそんな離れ業をさりげなくこなしていることが実に多い。

余談だが、本作は1987年の3月3日火曜日に発売され、1週目のレコード売上が9・8万枚、そして同週の5日木曜日にチェッカーズ「I Love you, SAYONARA」が発売され、こちらが9・5万枚で、オリコンでは少年隊が1位、チェッカーズが2位となった。「ザ・ベストテン」などでもデッドヒートを繰り広げた2作だが、もし同日発売だったら順位は逆転していたかもしれない。つまり、ほかの多くの作品が、メーカー内の規定日（毎月1日、5日、10日、20日、25日など）に発売されていた時代から、ジャニーズ事務所はオリコン1位対策を意識していたことがわかる。

シングル売上だけでは測れない〝ヒット曲〟

少年隊のヒット曲として、テレビやラジオで頻繁にオンエアされるのはこのあたりまでだろうか。7位以下を見ると、シングル売上、カラオケ歌唱、リクエストを総合したランキングならではのヒット曲が現れ始めるのが興味深い。

第7位の「Ｏｈ!!」は、1995年のシングルで、この総合トップ10のなかではもっとも新しい楽曲だ。東山主演の日本テレビ系ドラマ「ザ・シェフ」挿入歌に起用され、オリコン最高10位と「FUNKY FLUSHIN'」以来、約5年半ぶりのトップ10入りとなった。当時、ゴールデン帯のドラマでは、そのタイアップ曲から年間20作以上のミリオンセラーが出ていたことを鑑みると、本作のヒットは地味に映るかもしれないが、前作「ＥＸＣＵＳＥ」から9倍以上となる累計20万枚突破は、まさに会心の一撃だった。ドラマタイアップという制作側の要請もあってか、歌いやすさも考えられたダンスポップスで、シングル10位、カラオケ10位、リクエスト12位というバランスもよい。

第8位の「What's your name?」はオリコン1位を獲得（初動売上は前作「ふたり」が7・2万枚、「What's your name?」が7・5万枚と実はさほど変わらないが、「ふたり」はこの年の年間1位となった光GENJI「パラダイス銀河」に1位獲得を阻まれた）。作詞は宮下智、作曲はJimmy Johnson名義の馬飼野康二（同時期、男闘呼組ではMark Davis名義で数曲を担当）で夏の恋の駆け引きを描いた。イントロの息を切らして走ってきて扉を開ける効果音から一転しての♪あなたが欲しい〜！と始まる構成もうまい。

カラオケ歌唱部門ランキング

順位	曲名
01	仮面舞踏会
02	君だけに
03	まいったネ 今夜
04	デカメロン伝説
05	星屑のスパンコール
06	バラードのように眠れ
07	ABC
08	STRIPE BLUE
09	What's your name?
10	Oh!!
11	ダイヤモンド・アイズ
12	ふたり
13	じれったいね
14	Baby Baby Baby
15	湾岸スキーヤー
16	封印LOVE
17	The longest night
18	EXCUSE
19	愛と沈黙
20	レイニー・エクスプレス
21	PGF
22	情熱の一夜
23	春風にイイネ!
24	サクセス・ストリート
25	ロマンチックタイム
26	誘われてEX
27	FUNKY FLUSHIN'
28	君を旅して知っている
29	ミッドナイト・ロンリー・ビーチサイド・バンド
30	パーティーが終わっても

＊ JOYSOUND 調べ、2020年の年間歌唱回数順

そして、第9位にファーストアルバム『翔 SHONENTAI』収録の「星屑のスパンコール」が入った。通常のアイドルはシングル表題曲に人気が集中するなか、カラオケやリクエストでシングルにも劣らぬ人気となるケースは非常に珍しい。特にカラオケ部門の5位は多くの人には予想できないだろう。ファンにとって特別な1曲であることに加え、KAT-TUNやKing & Princeなど後輩グループに歌い継がれていることも、幅広い世代からの人気の要因となっている。スターが街角で出会った一般女性とディスコに迷い込み、淡い恋の末にステージから彼女にエールを送るという内容で、ファンに夢を抱かせるなんとも罪作りなナンバーだ。2020年発売の『少年隊35th Anniversary BEST』完全受注生産限定盤には「星屑のスパンコール2020」が収録され、3人が成熟した歌声で「もう一度アンコール」と歌っているので、目頭を熱くしたファンも多いことだろう。

第10位の「ダイヤモンド・アイズ」は、♪JAJA馬 JAJA馬という出だしのフレーズがインパクトのあるミディアムチューン。レコード売上（オリコン調べ）が「仮面舞踏会」48万枚、「デカメロン伝説」27万枚に対し、本作が14万枚と急落したことから、失敗作だったという歌謡ファンの声もたまに聞かれる。しかし、この背景にはKUWATA BANDやTUBE、1986オメガトライブ（当時）、安全地帯など、シンガーソングライター系の男性アーティストが人気となったことや、おニャン子クラブ全盛でアイドル文化への反発が高まったことなどもあり、一概に失敗とは言えない。むしろそんな逆境のなかで、次作「バラードのように眠れ」以降、25万枚前後のセー

Twitterリクエスト部門ランキング

順位	得票率	曲名	初収録作(空欄はシングル)
01	32%	The longest night	Prism
02	30%	星屑のスパンコール	翔 SHONENTAI
03	21%	ABC	
04	20%	Baby Baby Baby	PLAYZONE '89 Again
05	20%	SILENT DANCER	
06	19%	まいったネ 今夜	
07	17%	君だけに	
08	16%	STRIPE BLUE	
09	16%	バラードのように眠れ	
10	12%	グッバイ・カウント・ダウン	TIME・19
11	12%	ダンス ダンス ダンス	PLAYZONE '90 MASK
12	11%	Oh!!	
13	10%	ミッドナイト・ロンリー・ビーチサイド・バンド	c/w 君だけに
14	10%	情熱の一夜	
15	10%	What's your name?	
16	10%	誘われてEX	Prism
17	10%	ダイヤモンド・アイズ	
18	9%	仮面舞踏会	
19	9%	レイニー・エクスプレス	c/w ダイヤモンド・アイズ
20	9%	こわがらないで、天使	TIME・19
21	8%	愛と沈黙	
22	8%	HOLD YOU TIGHT	PLAYZONE '96 RHYTHM
23	8%	PGF	c/w Oh!!
24	7%	封印LOVE	
25	7%	EXCUSE	
26	6%	First Memory	PRIVATE LIFE
27	5%	bite the LOVE	PLAYZONE '98 5night's
28	5%	愛の手紙	c/w じれったいね
29	5%	ONE STEP BEYOND	c/w 仮面舞踏会(タイプC)
30	5%	じれったいね	
31	4%	サクセス・ストリート	翔 SHONENTAI
32	4%	湾岸スキーヤー	
33	4%	ふたり	
34	4%	デカメロン伝説	
35	4%	パーティーが終わっても	PLAYZONE '88 カプリッチョ
36	4%	ロマンチックタイム	
37	4%	春風にイイネ!	c/w 仮面舞踏会(タイプB)
38	3%	君を旅して知っている	TIME・19
39	3%	TOMATO JUICE	PLAYZONE 2002 愛史
40	3%	お探しのパラダイス	PLAYZONE '89 Again

＊総得票数1435票、CDやレコード化された音源を対象にひとり5曲までリクエスト可とした

ルスを取り戻したことを大いに評価すべきだろう（しかも１９８７年までのシングルはＣＤ発売がなく、需要が大きく縮小していたアナログレコードのみだった）。

ファンがこよなく愛する〝隠れ名曲〟

11位以下は特にリクエストの多かった3曲について触れておきたい。

第12位の「The longest night」は現時点で最新となる１９９９年のオリジナルアルバム『Ｐｒｉｓｍ』に収録。ミュージカルをお手の物としていた少年隊ならではの華麗でゴージャスなナンバーだ。きらびやかな劇場が思い浮かぶほどドラマティックに歌いこなしている。リクエストは全体の32％を集め、堂々の1位となった。リスナーからは「イントロだけで瞬時に心がざわつく」「大人の魅力にあふれる曲」といった絶賛コメントが多数集まった。

第13位の「Baby Baby Baby」は１９８９年のミュージカル『PLAYZONE '89 Again』のサウンドトラックに収録されたポップな1曲。デビュー時のＳＭＡＰがよくカバーしていたことも、カラオケ14位という人気につながっているのだろう。たしかにこの明るさは初期のＳＭＡＰの作風に通じるものがある。１９９０年発売の光ＧＥＮＪＩ「CO CO RO」も当初は少年隊のシングルとして予定されていたらしい。少年隊には１９８８年以降、こうした明るさを前面に出したシングルがぐっと少なくなり、デビュー3年目にして大人のエンターテイナー路線を目指したことが推測される。

第15位の「SILENT DANCER」は少年隊初の12インチシングル。カルロス・トシキ&オメガトライブや菊池桃子率いるラ・ムーでもヒットを飛ばした売野雅勇（作詞）と和泉常寛（作曲）のコンビによる、都会的な打ち込み系ダンスポップスである。同じ月に次のシングル「ふたり」が準備されていたことから、セイコーアベニューのＣＭソングというタイアップありきの臨発作品だったと考えられるが、リクエスト5位と非常に人気が高い。翌月には8センチＣＤで発売されたが、アナログに収録されたロングバージョンやカップリングの「KISS THE SUN」はＣＤ化されておらず、こうした事情も人気に拍車をかけたのかもしれない。ちなみに売野雅勇によると、東山と一緒に食事をした際、礼儀正しくおしゃれでとても感心したという。

35周年記念ベスト盤が21年ぶりアルバムＴＯＰ５入り

21位以下にもリクエスト部門やカラオケ部門で健闘しているアルバム曲やシングルのカップリング曲があり、音源をお持ちの方はぜひ総合ベスト40順で聴いてもらえると新たな発見があるのではないだろうか。２０２1年10月現在、少年隊の楽曲は、ストリーミングサービスにもダウンロードにも解禁されていないが、今後配信された際には私も真っ先にこのランキングをもとにプレイリストを作成して公開したい。それほど多くの人に聴いてほしいラインナップとなっている。

このランキングを発表した２０２０年9月9日、番組のハッシュタグ「#ｓｈｉｂｕｔｅｎ」がツイッターでトレンド入りするほどの勢いを見せ、私も浮かれていたのだが、それもつかのま、同月20日に錦織と植草が年内でジャニーズ事務所を退所することが発表され、偶然の一致とはいえあまりの急展開に驚いた。ただ、少年隊は解散せず、名前は存続するとのことで、まるで存在しなかったかのようにメンバーやグループ名がメディアから消えてしまうような前例が踏襲されなかったことに少し安心した。実際、同年12月に『少年隊 35th Anniversary BEST』が発売され、１９８９年のアルバム『Ａｇａｉｎ』以来となるオリコン最高4位（累計3・5万枚、ただし完全受注生産限定盤の売上は含まれていない）と再注目されたことで、２０２１年になって歴代ジャニーズや昭和の名曲を特集する番組で少年隊をより見かけるようになった気がする。ＳＮＳや動画サイトによって本物が再評価される時代になったとも言えるだろう。

シングルが２００７年以降リリースされておらず、またその数年前から『ＰＬＡＹＺＯＮＥ』に活動の主軸があることで、私自身、実はこの限定ベストテンを実施するまで、ヒットを頻発していた80年代以外の少年隊についてさほど知らない状態だった。

しかし、限定ベストテンに届くリクエスト曲を中心に調べるうちに、少年隊の3人はもちろん、作家や振付師、さらにジャニー喜多川やメリー喜多川らが一丸となって、1曲ごとにただならぬエネルギーを注いでいることを知り身震いした。錦織の渇望感と情熱が交錯するパフォーマンス、東山のスター性を高めていった立ち居振る舞い、植草の華のあるダンスや高音をビシッと決めるボーカルなど、よくこの3人を組み合わせたなと感心するほど、メンバーそれぞれが魅力的で、さらに三位一体となったパフォーマンスがすばらしい。35周年ベストの限定盤に収録された２０２０年新録バージョンで、より成熟した3人の歌声を聴くことができたので、いつか3人が揃ったパフォーマンスも生で見てみたい。少年隊の名前が存続するかぎり、3人が個々に精力的に活動するかぎり、それを期待せずにはいられないのだ。

この1年間でその深遠な魅力に触れることができて、私自身なんだかちょっと成長できた気さえする。今後も3人のアーティスト活動やその作品と、彼らを愛するファンの方たちを微力ながらもつないでいく音楽マーケッターでいられたらうれしい。

うすい・たかし

1968年、京都市生まれ。京都大学大学院理学研究科卒業。総合化学メーカー、音楽系の広告代理店を経て、2005年に「T2U音楽研究所」を設立。音楽市場やヒットチャートの分析、配信サイトでの選曲、CDの企画や解説を手がける。著書に『記録と記憶で読み解くJ-POPヒット列伝』。データに愛と情熱を注いで音楽を届けるのがライフワーク。Twitter @t2umusic

純烈リーダー、奇跡の3人組を考察する

500年にひと組。3人組ではぶっちぎりでトップじゃない？扇の要は絶対に植草さんだったと思います

純烈
酒井一圭

2月にラジオ番組「純烈 スーパー銭湯!!」で「君だけに」をプレイして少年隊を絶賛し、ファンを喜ばせた純烈リーダーの酒井一圭さん。1975年生まれで世代的にはどストライク。男性グループのリーダーならではの少年隊論はとてもクレバーで示唆に富んでいた。

――ラジオではどんなお話をされたんですか？

あのときは「カッちゃんがすげえんだぞ」という話をメンバーにしたんですよ。ニッキとヒガシは花形だけど、扇の要はカッちゃん。いつもニコニコ笑顔を絶やさないあの人柄があるから持ったんだぞ、グループやってればわかるでしょって。そしたらファンの方から「よくぞ言ってください

ました！」みたいな連絡をいっぱいもらって、えらいこと言うてもうたなと思いました。ジャニーズのファンってすごいですね。

――酒井さんはジャニーズ好きだったんですか？

たのきん、シブがき隊、少年隊、光ＧＥＮＪＩあたりは小学生の頃の大スターで、普通にテレビで見て、すげえなって思っていました。子役をやっていたので、ちょっとものの見方が違ったんでしょうね。「ジャニーさんが何を仕掛けてくるか」とか「表向きはこう見えるけど、実はこうでしょう」とか、構造を見るような楽しみ方をしていました。

そうするとね、カッちゃんの動きにやっぱ目がいくんですよ。主人公を立てるためのまわりの総合的な動きやキャラづけを小さい頃から見ていたので。もちろん純烈を結成するにあたってもすごく参考になりました。ジャニーズのほんまのエッセンスって、プロレスのタネあかしと一緒で、なかなか外部からはわからないじゃないですか。だから、元ジュニアの友井（雄亮）がいた時代は「ジャニーさんがどうした」とか「何を言っていた」とか事細かに聞いていました。

ジャニー喜多川さんにはお会いしてみたかったですね。いろんなグループを育てて、世に放って、仕掛けて。僕も自分なりに研究してきたし、すごく影響を受けていると思います。なかでも少年隊は、一番動けて、踊れて、歌えて、ジャニーさんの傑作選の最上位に入ってくるグループなんじゃないですか。

――当時からすごいと思っていたんですね。

思っていました。踊りにはものすごく個々のセンスが出ますけど、ジャニーさんの理想であるブロードウェイミュージカルやマイケル・ジャクソンの世界に触れて、ヒガシさんなんか思いっきり食らって、まんまやり出すじゃないですか。そんなに素直に取り込んで表現していくってことは、ジャニーさんと同じくらい感動していたに違いないし、それだけ距離も近かったというか、ジャニーさんが4人目のメンバーみたいな感覚だったんじゃないかと思います。

少年をコントロールするって、すごく難しいはずなんですよ。子役出身なのでなんとなくわかるんですけど、思春期の少年たちにあの輝きを放たせるって、とんでもないことです。タイガーマスクの虎の穴じゃないけど、いったいどんな鍛え方をして、どう選抜されて、選ばれた人たちもどんなメンタリティでやっていたんだろうって。

光GENJIあたりまでは興奮しながら見ていました。SMAPぐらいになると世代が近くなるので、「すげえな」というよりは「よくやっているね」みたいな感覚になっていきましたけど。

植草さんがいなかったら、のちのジャニーズはない

——お好きな少年隊の楽曲を3つ挙げるとしたら?

「デカメロン伝説」と「仮面舞踏会」がやっぱり頭抜けていますね。あとは「ABC」も強烈でした。どの曲もイントロがすばらしいんですよ。「テレビをよくわかってるな!」っていう。だから残っちゃうんですよね。小学生でしたけど、まねしちゃうっていうか、口ずさんじゃう。一発OK

なのか、こだわって何度も作り直させたのかわかりませんけど、そこは絶対にめちゃくちゃ意識して作っているよなって思いながら聴いていました。

「仮面舞踏会」はそれまでのジャニーズの曲とも全然違うじゃないですか。ジャニーズを代表する曲のひとつだと思います。「ザ・ベストテン」や「夜のヒットスタジオ」で、ミュージックビデオを生本番で一撃でやるようなパフォーマンスを見せていましたけど、あれが本当にやりたかったことだと思うんですよね。ジャニーさんにとっても、自分のエンターテインメントの集大成といえるグループだったと思います。川上哲治監督時代のON（王・長嶋）とか、長嶋茂雄監督の地獄の伊東キャンプみたいな、キングたるジャニー喜多川さんがプロデューサーとして脂が乗りきったときに誕生したグループなので、そりゃあすごいよなって。ちょっとすごすぎて、後輩たちはきつかったと思いますよ。3名の最小編成だったのもあるし。

そこで、ラジオでも話した植草さんの偉大さに思い至るわけですね。あの人が潤滑油になったり、支えていた部分ってすごいあるから。「カッちゃんじゃなかったらヒガシもニッキもここまで光らなかったぞ」とか「歌は絶対にカッちゃんが支えていたんだぞ」とか、コアなファンは当然わかっていると思います。あの人が「俺が俺が」っていうタイプだったら、少年隊はうまくいっていないと思うし、後輩に対して「あいつらはよぉ」みたいに言う人でもないだろうし。植草さんがいなかったら、のちのジャニーズはないと言いきってもいいかもしれないとさえ思います。

――すごい、べたぼめですね。

たぶんカッちゃんはずっとカッちゃんだったと思うんですよ。そのことが少年隊にとってもジャニーズにとってもよかった。いかりや長介さんみたいに、もっと歳をとってからまた人気になる可能性はあると思いますね。おじいちゃん役でもすごく味が出るっていうか、ニッキにもヒガシにも言えないセリフをカッちゃんは言えるんだよね、カッちゃんが言うから染みるんだよね、っていう、巡り合わせみたいなことが起こるんじゃないかな。芸能の神様っていますから。誰ひとりとっても超精鋭のスーパースター集団にあって、扇の要は絶対に植草さんだったと思います。

――酒井さんは〝純烈少年隊〟でも〝カズちゃん〟を名乗っていたので、なんとなくカッちゃん担なのかと思ってはいましたが、そこまでとは……。

僕はずっとカッちゃんを見ていました。子役のときに「逆転あばれはっちゃく」に出ていて、主人公だからニッキのポジションですけど、その後一度芸能界をやめたときに、自分がいかに脇役やエキストラ、スタッフといった人たちに支えられていたかがわかって、あらためて感謝したんです。だから、華やかなスターが登場すると、「この人はエースとしてがんばらなくちゃいけないんだな、ご苦労さま」と思いながら、もっとご苦労さまなのはそれを支えてる人たちというか、ついそっちに目がいっちゃうんですよね。

ちょうどその時期に大活躍していたのが少年隊だったので、ずっとカッちゃんをねぎらう目で見ていました……ってすげえ上からですけど（笑）。カッちゃんっていつもニコニコしているじゃないですか。クールに決めているふたりの脇で。たのきんトリオでいうとヨッちゃん（野村義男）に近いけど、たのきんはパーマネントなグループではないのでまた違うんですよね。のちのグループのこのポジションの人にめちゃ影響を与えていると思います。

ぬいぐるみみたいなかわいらしさっていうか、ほっとするっていうか。強いことを言っても「まあまあ」の世界に持っていくみたいな。光GENJIにはいなかった気がするけど、SMAPにしてもTOKIOにしても、カッちゃんのポジションやムーブからの影響を感じます。嵐なんて、みんなカッちゃんに見えるもん。

——たしかに錦織さんと東山さんだけだったら緊張感がありすぎたかもしれませんね。

見ているほうも疲れちゃう。即座に目がいくのはそのふたりかもしれないけど、目が疲れたらカッちゃんをちょっと見るっていう。さっきも言いましたけど、カッちゃんは将来、俳優として必ずまた「くる」と思いますよ。今は歌中心で活動されているみたいですけど。

もちろんヒガシもニッキもすごすぎて、去年の年末だったかな、「うたコン」でずっとご一緒している谷原章介さんが『チョコレートドーナツ』に出られたのでパルコ劇場まで観に行ったんですよ。もちろん谷原さんもすばらしいんだけど、ど真ん中で踊っているヒガシさんが一番セクシーで華やかなんですよね。あんなにタッパがあって手足が長くて、あんなに動けて、ドラァグクイーンとして女性よりセクシーに、それもダンサーが後ろについているのにセンターで魅了しちゃう。もうシルエットからすごいですもんね。立っているだけでかっこいい。鍛えているんでしょうね、今でも。その一方で「必殺仕事人」もキャスターもやって。何をやってもヒガシなのはすごいし、昔からそうでした。
郷ひろみさんの流れですよね、僕のなかでは。郷さんも世に出た瞬間から50年間、ずっと郷ひろみとして売れ続けているじゃないですか。歌番組で一緒になったことがありますけど、本番前は控え室で物静かにしているのに、5分前に「行こうか」ってなったら「よし、ゴー」って動きが変わるんです。たぶん東山さんもヒガシスイッチの瞬間があるはずです。ナレーションひとつとってもヒガシじゃないですか。この業界でほかにいない人だと思います。

――カッちゃん、ヒガシときて、ニッキについてはどうでしょう?

全盛期は日本一踊りがうまかったんじゃないですかね。美空ひばりさんにしてもジュリー(沢田研二)にしても、時代のスーパースターには必ず孤高の瞬間があったと思うんですけど、ニッキもそう。ヒガシもカッちゃんもすごいけど、次元が違う。サッカーでいうと小野伸二選手みたいな。ボールタッチ、時間のとらえ方、リズム、見せ方、バランス、やっぱりセンターなんだなって人ですよね。ヒガシのセンターってモッくんセンターのシブがき隊と相似形ですけど、総合的な少年隊のセンターは誰なのかとなればやっぱりニッキ。スーパーマリオが星をとって♪テッテッテーテッテレーの瞬間をテレビに焼きつけることができる人ですよ。頂点を極めた〝ニッキタイム〟って確実にありましたよね。
子供の頃、母と一緒にテレビを見ていて、山本譲二さんを「この人、絶対売れるわ」と母が言ったときに、僕もまったく同じように思ったんです。昭和のお茶の間って、売れる、売れへんみたいな論争を勝手にするじゃないですか。酒井家だけかもしれませんけど（笑）。で、少年隊が「仮面舞踏会」で華々しくデビューしたときは「すごいね」「真ん中の子は全然違うね」って話になったんですよ。ヒガシはまだ覚醒していなかったし、カッちゃんも化け物ぶりを発揮していなかったけど、ニッキは最初からずば抜けていた。

——そう思います。「仮面舞踏会」の段階で、もう完璧にやることをわかっていますよね。

生放送というものを熟知していますよね。距離感とか、立ち居振る舞いとか、あらゆることがわかっている。たぶんふたりよりもジュニアの期間が長かったんじゃないですか？　知らないけど。

——そうです。12歳でジャニーズ事務所に入って、たぶん最長在籍記録保持者だったと思います。

やっぱりね。いろんな戦略のなかでその都度求められるものを受信して、的確に応えていくんですよ。普通だったらこの程度というレベルを軽くクリアしたうえで、すでに世に出ているたのきんやシブがき隊のこと、あるいはのちに控えている後輩たちのことまで視野に入れて、自分が少年隊の3人のバランスのなかでどういうことをやればどこまで持っていけるか、計算して動けている。あの人が一番勝負をかけていたと思いますよ。

——セルフプロデュース能力に長けていたんですね。

うん。じゃないとあんなことできないと思います。どんなに激しい動きをしても、自分が間違えなければふたりは微調整できるからと、動きのぴったり具合もコントロールできていた。ズレてしまうことがあっても、魅了してしまうオーラを放っていたし。勢いだけじゃなく事実としてね。プロが見たときに一番すごいのはニッキ、それは満場一致だと思います。

全方位で有能な人というか、運動神経もいいし、音楽センスもあるし、頭もいい。いろんなことが見えすぎちゃって悩んだと思いますよ。だからこそ、ちょっとおどけて見せたりしていたんでしょうね。わざわざジャニーズっぽくないことを言ったりやったりしていたじゃないですか。「もういいでしょう」と感じていたというか、燃焼しきっている部分はあったと思います。

会ったこともないのにこんなこと言っていいのかな（笑）。でも気持ちはわかるんですよね。

少年隊のまま死のうとしていますよね、3人とも

——経験をふまえているから見方が普通と違いますね。プロの視点だなと思います。

昭和ほど芸能人冥利に尽きる楽しい時代はないんですよ。日本中の人がテレビに夢中で、芸能界がみんなの憧れの世界だったから、腕に覚えのあるやつが全国からわんさと集まってくる。そのなかから選抜された人たちがデビューして、さらに激しい競争を経て天下をとったのがスターだから、そりゃあ実力も運もとんでもないですよね。「昔のほうがよかった」とは口が裂けても言わないけど、平成、令和より人材豊富なのはどう考えても事実です。

——昨年、ふたりが退所しましたが、少年隊の名前は残ることになりました。

ジャニーさんとビジョンを共有して、ともに同じ気持ちで歩んできたわけだから、メンバーをひとり亡くしたみたいなものだと思うんですよ。だから、ひと区切りつけようっていうことになった

のはわかります。もうやりきった、あの時代にベストを尽くしたという思いがあるからこそ、ここまで続けてこられたとも言えるし、逆に退所も決断できたんじゃないですかね。

少年隊の名前を残すのもすばらしい決断ですよね。いい仲間、いいグループ、いいプロジェクトだったんだろうなって思います、今なお。後輩にもプラスなんじゃないですか。

——名前を残すって結局どういうことなんだろう、将来再集結もありえるのかと、宙ぶらりんな感じを抱くファンも少なくない気がします。

ありえるかありえないかでいうとわかりませんけど、少年隊のまま死のうとしていますよね、3人とも。ジャニーさん直轄で、同じ釜の飯を食って一緒に活動できたのは、あの時代までなんじゃないかと思うんです。組織が大きくなるとどうしても会社っぽくなっていくし、大人の事情も増えてくるけど、少年隊の時代はファミリーみんなで一緒にご飯を食べながら、毎日一生懸命働きまくった。だから少年隊って、当事者たちからしたら名字みたいなもので、残す残さないとかじゃなくて、「少年隊の東山紀之」として人生が始まったし、それで終われたら最高だよねっていう、そんな気持ちなんじゃないかと推測します。すてきなお話ですけど、解散とか活動休止とか、われわれがネガティブなことに慣れすぎてしまって、素直に受けとれないんですよね。

——いっそ「解散」と言ってくれたほうが気が楽だったんじゃないかと考えたりもします。

苦しいよね、そりゃ。愛しすぎましたね。でも、そういうもんですよ。そういうファンがいるから存続できるし、今もそれぞれ活躍できる。だからものすごくありがたいことなんだけど、そこまで考えなくていいと思うんですよ。でも、そうは言えないよね、ジャニーズだとね。純烈ならすぐ言えるでしょうけど（笑）。

――今も新しいファンが増えています。何の気なしに動画を見て「クオリティすごくない？」みたいな。

不思議なのが、今、少年隊の動画を見ると、よく揃っているんですよね。でも当時は、カッちゃんは揃っていないように見えたんですよ。おそらくその後、揃わないグループを見慣れてしまって、ぴっちり揃って見えるようになっているんだと思います。今は「One and two and……」の「and」のところ、ニュアンスやセンスが問われるようなところまで、きっちりシンクロするように振り付けられているじゃないですか。少年隊の時代はそこはニュアンスでやって、ヒガシとニッキは揃っていて、カッちゃんだけがずれているっていうふうに小学生の目には見えていました。

でも今見ると、ふたりが歌をある程度抜いて、そのぶんパフォーマンスに注力しているのに対して、カッちゃんは振りを比較的ルーズにすることで歌を支えているのは明らかですよね。緻密な生放送対策でしょう。当時はカッちゃんを軽視してすみませんって感じです。

――グループの編成を考える際に、昔アイドルが好きだったことは影響していますか？

ありますよ。白川（裕二郎）をしっかり花形として立てて、ほかのメンバーをどうキャラづけしていくか。バランスですよね。ＳＭＡＰでいえば草彅（剛）くんとか、モーニング娘。でいえば保田圭ちゃんみたいな、一番後ろの人間を自分がやれば、ゴールキーパーみたいに全体が見えるなって。メンバーには「顔は前だけど、耳は全部後ろに持ってきといて」と言っています。だから僕はステージ上では歌ってなくて、ずっと指示を出しているんですよ（笑）。

　僕は芸能界が好きすぎるだけで、自分が前に出て売れたいって気持ちはもうまったくないんです。「あばれはっちゃく」で経験させていただいたからもう十分。花形って窮屈ですよ。だからヒガシは偉いんです。ずっとヒガシだもん。

ジャニーさんから受けた恩恵を僕らも引き継いでいる

――純烈で少年隊をカバーされたことは？

　6人時代に、メンバーが初めて卒業するときのコンサートでやりました。3人ずつに分けて、後上（翔太）、友井、僕が「デカメロン伝説」をやって、白川、小田井（涼平）、やめる林田（達也）が「君だけに」。むちゃくちゃ踊れるふたりとついていくのがやっとの僕で笑ってもらって、残り3人に「君だけに」で持ってってもらう。お客さんはめちゃめちゃ喜んでました。

　映画『スーパー戦闘　純烈ジャー』に「勇気のペンライト」っていう歌があってね。巨大化した小林幸子さんに僕らがボッコボコにやられるんです。いよいよダメか……みたいになったときに、ファンの人や女神のおばちゃんが「あんたたち、あきらめちゃダメよ。まだ応援してるんだから」とペンライトを振ってくれて、復活するんです。

　そのシーンの脚本を練っているときに、いよいよ終わりだ、もうあの世なのかみたいな場面で、

「夜のヒットスタジオ」でスタジオにスモークがたかれている「君だけに」のイメージが出てきたんです。パチンパチンっていう炎がだんだんペンライトの光になっていって、大きな炎になって復活をうながすところ。それを作曲の岩崎（貴文）くんに伝えて、2日後に送ってくれたのが「勇気のペンライト」なんです。イントロを聴いてもらうと、なんとなく「君だけに」の指パッチンが感じられると思います（スマホで再生してくれる）。

――ああ、たしかに。

僕も岩崎くんも同世代だから逃れられない影響があるし、それはファンのみなさんも同じで、このイントロで「アイドルソングだ！」って体が反応して、応援しちゃうんですよ。ジャニーさんたちから受けた恩恵を僕らも思いっきり引き継いでいるんですよね。気づいていない人がほとんどかもしれないけど、こうやって解説すれば、みんな納得してくれます。

――純烈が少年隊のエッセンスを継承していることがよくわかりました。

いい曲もあれば下世話な歌もあるけど、一貫していることがあるとすれば、痛み止めをあげる感覚みたいなものですね。女性の人生って激しいから、誰もが何かしらしんどいことを抱えているんですよ。学業、恋愛、仕事に加えて、結婚したらしたで育児やら嫁姑の問題があり、しなかったら「なんで結婚しないの」と言われ、ようやく子供から手が離れたと思ったら今度は親が病気をして、いつのまにか自分がおばあちゃんになってしまう。

そんな忙しい時間を縫って純烈を聴いたり見に来てくれるんだから、せめてもの現実逃避じゃないけど、痛み止めに一瞬でも使っていただければって感じですね。いい曲を聴いて癒される人もいれば、どぎついギャグで笑って楽になる人もいる。人それぞれなので、僕らは何でもやります。ライブだったり映画だったり、手を替え品を替えね。

——旅館で出てくる夕食みたいですね。

残してもいいし、何を残したとか怒らないし。推し変も、みんなすごく気をつかってくれるけど、素直に変えてくれていいよって。そうライブで話したら「すごく響きました。でも変えられないんです。だから、以前の推しのペンライトを振りながら新しい人を見ています」って。

——ラジオで少年隊のことを「500年にひと組」と話していましたよね。

だって、3人組で、ぶっちぎりでトップじゃないですか？　ジ・アルフィーに匹敵します。もっと売れてもよかったけど、アイドルだから短命で、儚くていいんですよ。少年隊がいたから今のジャニーズがあるのは間違いないし。そういう魅力あるグループを生み出し続けて、どんどん大きく育てていったジャニーさんはやっぱりすごいですよ。

さかい・かずよし

1975年6月20日生まれ、大阪府出身。ドラマ「逆転あばれはっちゃく」で主人公を務める。2001年、「百獣戦隊ガオレンジャー」にガオブラック役で出演。その後、歌謡グループ、純烈を結成し、2018年にNHK紅白歌合戦に初出場。2021年は初主演映画『スーパー戦闘 純烈ジャー』が公開されるなど、幅広く活躍中。

『PLAYZONE』究極の舞台がめぐりゆく夏

23年も続いた
少年隊の努力の結晶。
年に一度、3人の
現在地を確認するための
大切な場所だった

HIROSE YUKI
フリーライター
広瀬有希

渋谷駅から青山方面へ、ゆるい上り坂を歩くこと15分。国道２４６号線にかかる歩道橋の手前に、令和３年現在は使用されていない建物がある。青山劇場だ。

少年隊に興味を持つ人の多くは「ＰＬＡＹＺＯＮＥ」という語句を目にしたことがあるだろう。デビュー翌年の１９８６年に幕を開けた『ＭＹＳＴＥＲＹ』から２００８年『PLAYZONE FINAL 1986～2008 SHOW TIME Hit Series Change』まで、少年隊が23年ものあいだ青山劇場で上演したミュージカルのことだ。通称「プレゾン」。驚異的なのは毎年異なるオリジナルストーリーの演目が披露されていたこと（オリジナルでないのは２００４年の『WEST SIDE STORY』のみ）。夏に上演されることからファンにとっては〝夏の風物詩〟ともいえる夢の舞台だった。

公演は基本的に、ミュージカルとミニコンサートのようなショータイムの2部構成。24基もの小ゼリと3メートル以上もの昇降幅を誇る大ゼリ、フライング設備、デジタルコンピュータによる照明システムなど、劇場開設時に「東洋一」と称された機構を駆使したエンターテインメントショーは、通算957回の公演を重ね、合計138万465人を動員した。

「千年メドレー」が生まれた『MASK』

少年隊によるプレゾンが幕を閉じてから10年以上経った今、あらためてその魅力について考察してみたい。年によってさまざまなテーマを掲げたプレゾンのなかから、3作品をピックアップしてみた。

まずは1990年公演の『MASK 仮面』。少年隊の3人がそれぞれ本人役で出演した5作目のプレゾンだ。物語は華やかなミュージカルのラストシーンから始まる。その打ち上げで錦織は「少年隊としての活動を休止して、ひとりでニューヨークに行く」と告げる。突然の決意表明に動揺する東山と植草。はたして錦織の真意は、そして残されたふたりは……というサスペンスタッチの内容だ。3人の未来を暗示するような劇中劇『ハムレット』では東山がハムレット、植草がホレイショー、錦織がハムレット王の亡霊を演じ、シェイクスピア作品を数多く手がけた蜷川幸雄が演出したことも話題を呼んだ。

特筆したいのが、東山のソロ曲の代名詞とも言うべき「千年メドレー」が初披露されたことだ。

数えきれないほどのマスクを次から次へと外す妖艶なコンテンポラリーダンスから始まり、スピード感と情熱あふれるパフォーマンスは10分にも及ぶ。難易度が高く、ジャニーズ・ダンスの最高峰として、多くの後輩たちの憧れの的であり、これまで大野智やKinKi Kids、Travis Japanらが踊り継いでいる。

本作のさまざまなモチーフはその後のジャニーズのミュージカルにも大きな影響を与え、現在、「もっともチケット入手が困難な舞台」と言われている堂本光一主演『Endless SHOCK』はこの『MASK』と1991年の『SHOCK』を下敷きにしたものである。

錦織一清の初演出『KING & JOKER』

次に注目したいのが、デビュー10周年にあたり、錦織が初めて脚本・演出を担当した1995年の『KING & JOKER』である。

自伝的映画のラストシーンを撮影中にビルの屋上から突然身を投げた喜劇スター、チャンプ（錦織）。彼に才能を見出されコンビを組んでいた早乙女（東山）は、チャンプの死は自分のせいではないかと悩むようになり、脚本家の結城（植草）は、そんな早乙女にチャンプの過去を語り始める。

映画撮影シーンの映像から始まる導入部、チャップリンへのオマージュを感じる数々の演出など、錦織の「これをやりたい、伝えたい」がつめ込まれた作品だ。華やかな映画界で、周囲の要求と自分が本当に作りたいものや叶えたい夢との狭間で葛藤するスターの描写を含め、30歳の錦織自身の苦悩や少年隊内の関係性をオーバーラップさせているのではないかと感じるセリフも多い。

芝居の面では、チャンプに代わりスターの座についた自分も同じような運命をたどるのではないかと苦悩しながらも、徐々にチャンプさながらに傲慢になっていく早乙女の複雑な心境を東山が熱演。植草も、抑えた演技でふたりを見守る落ち着いた大人の男性像を見せた。

チャンプと結城がふたりのあいだで何かを決めるときに使っていたトランプのカード。劇中では君臨する王である「キング」を早乙女、未知の可能性を秘めた「ジョーカー」をチャンプになぞらえていたが、2枚のカードの意味、その勝負の行方に思いをめぐらせると実に奥深い。あちこちに小技の効いた脚本が見事で、本作をプレゾン随一の名作と称えるファンも多い。

『20th Anniversary』プレゾンの過去・現在・未来

2000年代に入ると、メンバーひとりずつが主人公となる3つのストーリーをオムニバス形式で構成したり、ブロードウェイミュージカル『WEST SIDE STORY』を上演するなど、プレゾンはさまざまなチャレンジをしながら変化を重ねていく。2005年の『20th Anniversary～Twenty Years…そしてまだ見ぬ未来へ』は、20周年をにぎやかに祝う〝少年隊のお祭り〟のような演目だ。

青山劇場の機構を存分に生かした奥行きのあるショーでオープニングから目を奪ったかと思うと、プレゾンの新たな歴史を刻むためには「過去の清算」が必要だと植草が言い出し、これまでのプレゾンで錦織と東山がどんな悪行を働いてきたかを訴えるために、後輩たちを巻き込んで裁判を始める。この裁判がまるで本人たちの素のコントのようで笑いを誘う。そして、少年隊と後輩がプレゾンの稽古をしている場面へと移ると、プレゾンの存続をめぐって3人が口論になって……。ジェットコースターのような展開で物語の世界に引き込み、プレゾンの過去・現在・未来を行き来する構成は見応えがある。

ミュージカル作品としての満足度が高いうえに、少年隊3人の絆の強さがテーマになっていることから、観劇後は〝少年隊そのもの〟を楽しめた気持ちになるだろう。多くの経験を重ね、40代を迎える3人ならではのエンタメ力が存分に発揮された一作だ。

『PLAYZONE』とは何だったのか

プレゾンは少年隊が年に一度、自分たちの現在地を確認するための大切な場所であり、メンバーそれぞれの挑戦や成長を舞台で披露して「また来年ここで会いましょう」と約束する、ファンとの逢瀬の場でもあった。プレゾンが23年も続いたのは、ファンの熱い期待に応えようと、妥協することなく少年隊が努力し続けた結果だろう。通常、ひとつのミュージカルを作り上げるには数年以上を要する世界で、毎年オリジナルの作品を公演し続けたことは驚嘆に値する。

3人が互いに「痩せたな」などとアドリブでいじりあうやりとり、シリアスなシーンであるにもかかわらず錦織が足を滑らせて舞台上の噴水に足を突っ込むなどのハプニング……ビデオやＤＶＤ

にはいつでも見られるメリットがあるが、劇場での体験はその場かぎり。二度と同じものは観られない。少年隊とともに生の舞台を作り上げる体験が味わえるのもプレゾンならではの魅力のひとつだった。

ジャニーズ事務所の後輩にとっては、舞台のイロハを学ぶ修業の場でもあった。長く出演していた坂本昌行・長野博・井ノ原快彦の「トニセン」は、あるときはヴァンパイア（少年隊）の正体をつきとめようとする友人チーム（１９９８年『5night's』）として、あるときは３人の直属の部下（２０００年『THEME PARK』）として芝居を盛り立て、ショータイムでも彼らを支えた。デビュー時期の近い仲間でもある光ＧＥＮＪＩの赤坂晃、佐藤アツヒロは、少年隊の前に立ちはだかる強大な敵に扮することが多く、重要な役どころとして強い印象を残した。２００７年の『Change 2 Chance』には植草の息子である植草裕太（現・樋口裕太）が出演し、ハモりながら歌唱したり線対称的な振付でダンスをするなど、ジャニーズ初の親子共演を飾った。

また、プレゾンからはファンに長く愛される名曲も数多く誕生した。１９８９年の『Ａｇａｉｎ』から「Baby Baby Baby」、『ＭＡＳＫ』から「ダンス ダンス ダンス」、１９９６年の『ＲＨＹＴＨＭ』から「HOLD YOU TIGHT」、そして『20th Anniversary』でも歌われる「We'll Be Together」はジャニー喜多川の作詞によるものだ。

ＶＨＳで発売された２０００年までのプレゾンは残念ながら廃盤のままで、それらのＤＶＤは２０２０年12月に完全受注生産限定盤として販売された『少年隊 35th Anniversary PLAYZONE

BOX 1986-2008』のみに収録された。今、作品に触れたいと思っても、観られるのはＤＶＤ単発リリースされた２００１年以降の６作品だけで、多くの人はそれ以外の16作品（２００４年の『WEST SIDE STORY』は版権の都合で映像化されていない。『Change 2 Chance』は単発リリースがなく、完全受注生産限定盤において初ＤＶＤ化された）を目にすることが叶わないというのが現状だ。今後、何らかの形でファンが過去のプレゾン作品に容易にアクセスできる日が来ることを願っている。

ひろせ・ゆき

金融営業、印刷会社勤務を経てフリーライターに。日本文化教育ソフトのテキスト監修ほか、スマホゲームのシナリオ作成、エンタメメディアでインタビューやレポートなどを執筆。中学生のときに初めて買った少年隊のLP『翔 SHONENTAI』の内側に印刷された３人のサインとメッセージを直筆だと何年も思い込んでいた。

第3章

ジャニーズ“最高傑作”の舞台裏

365日24時間、昼も夜も少年隊「命がけでした」

筒美先生と作った曲はどれも「こうしよう、ああしよう」がたくさんあって思い出が濃密ですね

音楽プロデューサー
鎌田俊哉

ジャニーズ音楽出版の制作ディレクターとして1984年から2006年まで在籍し、少年隊をはじめ光GENJI、SMAP、嵐、KAT-TUN、Hey! Say! JUMPなど多くのグループをプロデュースしてきた鎌田俊哉さん。ジャニー喜多川社長や筒美京平氏との逸話もまじえながら、少年隊の音楽制作秘話をたっぷり語ってくれた。

――もともとはバンドマンだったんですよね。

兄貴がいたから小学生の頃からビートルズとか聴かされていて、6年生のときに『レット・イット・ビー』を一緒に映画館の床に座って観て、それからギターを始めました。その当時から音楽の

好みはめちゃくちゃなんですよ。中学に行くと、「俺はビートルズが好きだ」「俺はローリング・ストーンズだ」「いやピンク・フロイドだ」ってみんなお気に入りを言うんだけど、僕は子供の頃に映画音楽もクラシックも何でも聴いていたから、ビートルズのこの曲は好き、ストーンズのこの曲は好き、クラシックの「トルコ行進曲」も好きだし、「翼をください」（赤い鳥）も「虹と雪のバラード」（トワ・エ・モア）もいいし、ジャンルは関係ないんです、曲がよければ。

父親が役人で、祖父は海軍の軍人。ハイカラ好みでレコードはいっぱいあったけど、東大に行って役人になるのが当たり前みたいな価値観の家でした。ところが僕は17歳のときに入ったバンドでデビューが決まって、「バンドをやりたいから大学受験はしない」と言って、ギターとアナログレコードだけを持って家出したんです。

――KODOMO BANDのメンバーだったことは存じ上げています。

KODOMO BANDは1年くらいでやめて、それから井上堯之さんの事務所に入って、PARTYってバンドでデビューしました。売れなかったけど。浅草国際劇場の「ニューイヤーロックフェスティバル」にも2年出たけど怖い人たちが出てきたりして、それはそれはグチャグチャです。赤坂のキャバレーで先輩の代わりに呼ばれてギター弾いたりしても年上のバンドマンにいじめられるわけですよ。譜面を見てパッと弾けなかったりするとボコボコにされて、ギター持っていかれたり、彼女を連れていかれちゃったメンバーもいました。

そうこうしているうちに、ひょんなことから山下達郎さんのプロデューサーだった小杉理宇造さんを紹介されたんです。ちょうどアルファ・ムーンを設立した頃だったんだけど、2週間に1回呼び出されては「俺のアシスタントをやれ」と言われるわけです。まだ自分の腕を試したいからって断ってもとにかくしつこいから、とりあえずやってみるかと思って。あと、バンドでデビューしたときのプロデューサーだった渡辺音楽出版の木崎賢治さんとソニーの高久光雄さん、同じくソニーの須藤晃さんの4人から同時に誘われていて、「どれだけみんな俺を表に立たせたくないんだ?」と思いました（笑）。

——みなさん、さすが慧眼だったということですね。

小杉さんのアシスタントのはずが、ある日ジャニー社長に紹介されて、「ジャニーズ音楽出版には現場の制作マンがいないからやってほしい」と言われたんです。

若くて生意気だった僕は「申し訳ないんですけど、僕はアイドルも歌謡曲も死ぬほど嫌いなんです」と言ったら、「好きな人がやっても新しいものはできない。嫌いな人のほうがいいんだよ。どうせ続かないけどやってみれば?」って。それで入ったら32年……続きました。社長とともに歩いた音楽制作現場の最長不倒記録です。

最初にやったのが1984年、マッチの「一番野郎」です。それから少年隊をやってほしいと言われて、デビューの約1年半前から筒美京平先生と何曲も何曲も作っていくわけなんです。カルチャー・クラブ、カジャグーグー、デュラン・デュラン、ハワード・ジョーンズとかが流行っていたじゃないですか。実はああいう曲もたくさん作っていて、少年隊に歌わせてみました。日の目を見たのは、そのうちの十何曲で、ほとんどは埋もれたままです。

――それは聴いてみたいなぁ。

もっとも悩んだのは、少年隊というグループのコンセプトをどうするか？ってことでした。当時のコカ・コーラのCMがとっても洗練されてイカしていて、「ああいう爽やかな感じの若者としてデビューできないかな」って筒美先生は考えていたんです。さらに僕はバンドマンですから、「イギリスのニューウェーブの、これまで日本にないとんがった、かっこいい感じをアイドルでできないかな」って。トップクラスのスタジオを借りて少年隊に歌わせて、さらにはニューヨークに連れていって、マイケル・ジャクソンの「スリラー」の振付師マイケル・ピータースのところで2週間以上もダンスレッスンを受けさせ、とてつもないお金をかけたんです。

悩みに悩んだ挙句にたどり着いた彼らのグループとしてのコンセプトは……シブがき隊は隣にいるすてきなお兄ちゃん、豊島園や後楽園や花やしきみたいな親しみやすい遊園地だとすると、少年隊はディズニーランドにしよう！と。ディズニーランドってゴミがひとつも落ちていないじゃないですか。西部劇の世界観があったり、宇宙や未来があったり、そこで3人のアンドロイドが仮面をかぶって、さまざまなアトラクションの主人公を演じていくと。

だから少年隊は年齢不詳ですし、生活感もないんです。言葉の選び方もそこを慎重に考えていきました。

ジャニーさんも僕も、業界のお歴々は相手にしなかった

――「仮面舞踏会」の制作にも紆余曲折があったそうですね。

何曲も何曲も作って彼らに歌わせて、その合間にもたびたびジャニーさんとメリーさんにも聴いてもらうんです。その頃、少年隊は合宿所にいて、僕は毎日のように合宿所へ行くわけですよ。一番反応するのは錦織ですね。彼は音楽が大好きだから。錦織とふたりでいつもジャニーさんを待って、帰ってくると3人でああでもないこうでもないと朝まで話し合っていました。

最初のバージョンには、♪トゥナイヤイヤイヤイヤティア、はなかったんです。♪いっそX・T・C、の大サビもなかったし、歌い出しのメロディの譜割もずっとゆったりしていた。それを何度もジャニーさんと錦織と一緒に聴いて、「もっとよくするためにはどうすれば?」とアイデアを出し合っていくんです。そして筒美先生にまた修正をお願いしに行くんです。

歌い出しの譜割は「16ビートにしたい」と、細かく引っかけるようなメロディに変えました。さらに「勝手にシンドバッド」(サザンオールスターズ)の♪ララララーラララ、みたいなコーラスを頭につけたいと相談して、♪トゥナイヤイヤイ、をつけました。さらに大サビもつけるんです。そして船山基紀さんに再度アレンジしてもらって、1年半かけてとうとう完成したわけです。

もちろん歌も録り直して、当然ジャニーさんとメリーさんのOKももらいました。なかなか決まらなかったレコード会社は「世界に進出したいから」という理由でワーナーに決まり、ワーナーで

全国のセールスマンも集めて大会議をやったんです。そこで僕が「少年隊のデビューはこの曲でいきます」とその曲をかけたら、終わった瞬間に両オーナーが「みなさん、こんな曲でいいと思いますか？　少年隊のデビュー曲は？」と。僕は唖然としましたが……。

――え～っ！

そしたら、それまでそれを聴いて「これだな、鎌田。これだよ」と言ってくれていた人たちが、みんなそっぽを向いているわけ（笑）。「なんだ？　この大人たちは？　ふざけろよ!!」と思って。僕は元はロックバンド出身ですから、強烈な反抗心もありますし、17歳からバンドマンとして、いくつもの屈辱や嫌なこと、あるときは命がけの現場もくぐってきましたから、いつクビになってもいいんです。だから開き直って「この曲は筒美先生と1年半かけて数十曲も作ってたどり着いた曲です。これから1週間や10日でこれにまさる曲は絶対に作れません。あなたたちが束になっても、これ以上の曲は絶対にできないです！」とタンカを切って、その後……いろいろありましたけど、なんとか発売にこぎ着けたんですよ。まあ生意気な小僧です。

――どうしてダメだってことになったんでしょうね。

ジャニーさんは、驚くほどはるか高みを目指しているんです。少年隊と僕で半年ほどロサンゼルスに住み、アメリカ・リリースのためのアルバムを作ったことがあるんです。１９８３年に大ヒットした映画『フラッシュダンス』の第2弾シングル「マニアック」のマイケル・センベロとか、ミニー・リパートンのプロデューサー、リチャード・ルドルフとか、そのクラスが何人もついて半年かけて作って、ほぼ完成間近のものをジャニーさんに聴かせたんですよ。そしたら「鎌ちゃん、これはダメだよ！」って。ジャニーさんが何を期待していたのか、俺はそのときにわかりました。ジャニーさんはフランク・シナトラ、チャック・ベリー、エルヴィス・プレスリーやビートルズが登場したときのように、それまでに誰も聴いたことのない、世界にたったひとつの、世界中の人がびっくりするものができると思っていたんです。そしたら全然違うから、「こんなもん発売できない。かっこ悪いよ」と言って、数億円かかった録音コストを捨てちゃうわけですよ。

——完全にお蔵入りですか。

そうです。そのときに僕は「この社長は次元が違う！　ものすごいプロデューサーだ！」と痛感しました。予定調和をよしとしない。僕はいつでも辞めてやると思っていたんですが、ジャニーさんのようなありえない地平を目標にしてやっている人なんて、ほかに誰もいませんよ。だからこそ僕も長い間続いたんだと思います。

ハワイもロサンゼルスもニューヨークも、ジャニーさんと一緒に何度も行きました。海外に行くと気を許して、いろんな昔話をしてくれるんですよ。マイケル・ジャクソンの両親と仲がいいから、マイケルは子供のときから知っている。ポール・アンカやシルヴィ・ヴァルタンとも親しい。あるとき少年隊の曲を届けに合宿所に行ったら、ソファにマイケルとシルヴィが座っているんですよ。「ハーイ。ジャニーは何時に帰ってくるの？」って、3人でソファに座って待ちながら雑談するわけです。ジャニーさんにしてみればシルヴィはただのフランスのおばちゃんだし、マイケルは昔から知っている友達の子供なんですよ。

――スケールが違いますね。

業界のお歴々の言うことなんかまったく気にしない人でした。レコード会社の上層部が偉そうなことを言っても、「ところでユー、ヒット曲出したことあるの？」って話です。新聞社とかテレビ局も同じ。「鎌ちゃん、〝俺は昔こういうヒット番組を作った〟とか〝誰々を売ったのは俺だ〟とか言うやつはいるけど、ひとりも信用しないほうがいい。たまたま運がよかっただけだよ。時間のムダ。実績なんかまったく関係ないんだ。今一番目をキラキラさせて燃えている若い人と付き合ったほうがいいよ」って。ジャニーさんは、自分の実績を全部捨てて、ジュニアの話を聞くんです。なぜならそれが未来だからです。

――最高ですね！　さすがです。

レコード会社やテレビ局の上層部が「会社としてはどうのこうの……」っていろいろ言って帰るとしますよね。すると「鎌ちゃん、どう思う？」。僕は「じじいがダサいこと言っているなと思います」「そうだよね」。で、今度はジュニアを呼んで「この曲とこの曲、どっちがいい？」って聞いて「こっちがいい」って言うと、こっちにするわけです。１００パーセント、ジュニアの言うことを聞くんです。「どうせあの人たちはレコードを買わないし、応援もしない。お客さんはこっちだから」って。

僕もお歴々はあまり相手にしません。ロックだから強い者に対抗していくわけです。両オーナーに対しても同じで、僕が生意気言ってものすごく怒られるんです。どうやって、どんな手を使ってリリースしようか？っていつも考えていました。SMAPの作品も大作戦です。ストーリーを作るんです。それで「勝手にやればいい」って言われたら「よし！」と進めるわけです。で、発売されたら怒られる（笑）。「なんだよユー、勝手にどうのこうの」「いや、OKもらいましたけど」「あー！もう」って、そこで電話を切って3日ほど経って「ジャニーさん、すみません、電話いただいていたみたいで」「もうユーに何を言おうとしたか忘れちゃったよ」って。そんなやりとりが続いていくんです。

――鎌田さんの自信と度胸もすごいですね。

ことあるごとに「ユーは本当にバカだ、脳みそがないぐらいバカだ」って言われていましたよ。「ユーはいつも〝ダサい〟か〝かっこいい〟しか言わない。普通、この業界の人たちは、テレビ局でもレコード会社でも雑誌社でも、みんないろんなこと言うんだよ。〝この曲にはこういうタイアップをつけて、何月頃にこんな宣伝プランでリリースしたらヒットするんじゃないですか〟とか。それが大人なんだよ。でも、ユーは〝ダサい〟と〝かっこいい〟しか言わない。だけど……だからこそ、僕はユーとやっているんだよ」って。人の感情なんていうものは最初の1回だけが真実なんです。だから能書きなんて一切いらない。ただ好きか？　嫌いか？　それだけでその作品の答えは出ているんです。そういう実に簡単な判断基準なんです。それがヒットの法則ではないでしょうか？

人をほめることを絶対にしないジャニーさんに、面と向かってほめられた曲が1曲だけあるんですよ。「夜空ノムコウ」。ＮＨＫで振付をやっているときに来て「鎌ちゃん、この曲はいいよ。歌詞もメロディもいいし、ＳＭＡＰが子供から大人になるこのタイミングにもすごくいい」って。そして「もうユーはこれ以上の曲、作れないと思うよ、お疲れさん。さよなら！」って。「クビってことですか？」「そう。ユーもこれで最後だと思うよ」と言われたんです。それからも、もちろん辞めずにいましたけど、会うたびに「ユー、まだいたんだ」って言われました。

30年経って聴いても「いいじゃん」って思えるものを作りたかった

――（笑）ジャニーさん伝説も最高すぎますが、もう少し少年隊のお話を聞かせてください。

「仮面舞踏会」の♪タラララン、ジャッジャッ、ってイントロ。あれは筒美先生と船山さんで、デビュー曲だからこそ一発でわかるものを作ろうと考えたんです。「バラードのように眠れ」の電話の音とか、「じれったいね」の風の音とか、少年隊の曲では毎回、イントロの出し物を考えて作っていくんです。「デカメロン伝説」の「ワカチコ！」は、サディスティック・ミカ・バンドの「WA-KAH! CHICO」とスペクトラムの「トマト・イッパツ」が元ネタ。「じれったいね」は曲ができて、歌詞に「じれったい」とあるから、筒美先生に「これ直しましょうよ」と言って、コード進行を、じれったくしたんですよ（笑）。なかなかトニック（主音）に戻らない。焦らしているんです。

――それでハラハラする感じがあるんですね、あの曲は。

そう。「君だけに」のアイデアは大ヒット映画『トップガン』のベルリン「愛は吐息のように(Take My Breath Away)」なんです。アレンジも近い感じで作り、歌入れもしてミックスもしたんですが、聴いていると、どうもベルリンのクールな感じで少年隊が歌って踊る絵が見えない。だから筒美先生に連絡をとって「ちょっと先生、会えますか」って言ってね。

「先生、たいへん申し訳ないですが、このアレンジで少年隊3人が歌っている絵が浮かばないんです。やはりソウルバラード、例えばスタイリスティックスのようなアメリカンな方向に持っていきたいです。マイクスタンドで、ソウルグループの歌って踊る姿にしたいんです」って。そしてリアレンジです。急遽、馬飼野康二さんにお願いしてエレキシタールを入れて、青山純さんのドラム、富倉安生さんのフレットレスベース、北島健二くんにギターを弾いてもらって、松武秀樹さんにとろけるようなシンセの音を作ってもらいました。

歌入れにも、もう一度筒美先生に来ていただいて。先生は「これは甘い曲でね、僕は植草くんの声で作ったんだ。メロディもさらにちょっと変えていこうか」って。あれ、最初は♪君だけ「に」のところ、音程が上がっていなかったんです。平坦な音程だったんです。それを完全5度上げて甘くしたんですよ。「絶対にこのほうが女の子がいいなって思うから」って。甘く可愛くしたんです。

――甘いですね。はかない感じも出るし。

でしょ。そうやって1曲1曲、ものすごい時間をかけて作っているんです。まだ20代のガキが、筒美先生や馬飼野康二さん、松本隆さん、船山基紀さんのようなプロ中のプロと「ああでもない、こうでもない」とやらせていただけたのは、本当に幸運でした。

できあがったあとも、僕は起きているあいだはずーっと「どうしよう、どうしよう」って考えていました。もうプレス工場に入っているのにまだ考えている。で、「やっぱり直したい」となると、筒美先生と相談をするんです。メーカーからはものすごい勢いで「不可能です」と言われますが、あんがい実は保険の時間をとってあるんです。工場に入れちゃったとか、ジャケットができちゃったとか、そのあとでも実は可能なんです。僕らの仕事は最後の最後までジタバタしてなんぼ。それでないと力のある作品はできないから。最後の最後の1秒前まで直しているんです。

「ABC」のときも筒美先生に僕は6曲も書いてもらったんです。「僕にこんなに曲の書き直しをさせるのはあんたしかいないよ。あんたは腕を切ったら緑の血が流れるだろう、ヘビ男！」とか怒られながら（笑）。あの曲ってオケは♪スチャチャチャ、チャ、チャチャチャチャチャー、って繰り返ししかないじゃないですか。4小節のパターンの繰り返しで、メロディだけが変化していく曲をどうしても作りたくてね。あそこにたどり着くまでいくつもほかの曲があったんですが。あの曲が出たときに、山下達郎さんに「鎌田、あれはいいよ。メジャーの循環コードで押しまくる。おまえは日本のアイドルを変えているよ」って、なんとほめられました。

――あれはユーロビートがヒントですよね。

そう。ヒントは「ギヴ・ミー・アップ」（マイケル・フォーチュナティ）とかバナナラマとか。筒美先生は「もうちょっと歌謡曲じゃないと。繰り返しはやめようよ」って。だけど僕は「もう絶対に繰り返しパターンで」と言って、何回も何回も、お願いしたんです。

――アレンジはダンスミュージックだけど、オケは人力中心ですよね。

山木（秀夫）さん、大仏（高水健司）さん、今（剛）さん、山田（秀俊）さんの編成で、あとはシーケンスとシンセで作っています。つまりシーケンスありの達郎さんみたいなことをやりたかったわけですよ。ユーロビートを足して、アイドルでやったらこうなりました、と。そのあと、達郎さんの「FUNKY FLUSHIN'」でもやりました。

――「仮面舞踏会」の次が「デカメロン伝説」という流れは鎌田さんが作られたんですか？

やはりディズニーランドなんです。「仮面舞踏会」って生活感ないでしょ。「デカメロン」なんてわけわかんないでしょ。ボッカチオの『デカメロン』はちょっとエッチな話ですからね。わざとですよ。

光GENJIみたいに100万枚は売れなかったけど、少年隊はディズニーランドですから、子供向けには作っていないんです。ディズニーランドには子供もいるけど大人もお年寄りもいるじゃないですか。若いカップルもお父さんお母さんもおじいちゃんおばあちゃんも「なんかワクワクするね」「キュンとするね」と全世代に思ってもらえるものを作りたかったわけです。

僕は、SMAPも嵐もそうだけど、30年経って聴いても「いいじゃん」って思えるものを作ろうと思っていたんです。アイドルの仕事を始めた頃なんかは、スタジオミュージシャンがさっさと演奏して、1時間でパッと帰るんですよ。「こんなもんでしょ」って。アイドルの音楽なんてそんなもんでした。どうせ3カ月で賞味期限切れだ、どうせ残らないって。僕はそれを絶対変えたかったんですよ。

ジャニーズのファンはね、高校生になると卒業していくんです。スピッツに行ったりミスチルに行ったり、今だったら藤井風やヒゲダンに行ったりする。それを行かせないようにしよう、ってやっていたんですよ。やっぱり30年かかりました。ジャニーさんにもその話を何回も何回もしました。ジャニーさんはあまりピンときていなかったですが。「ユー、何言ってるかわかんない」「いや、だから……」って（笑）。

曲がよけりゃいい、ワクワクさせてくれりゃいいんです

——SMAPのプロデューサー時代、アイドルから女の子たちを卒業させない、FMでかけたいというふたつの目標を立てて取り組んでいらしたと読んだことがあります。

ビクタースタジオから、深夜仕事が終わってタクシーに乗って帰るとき、昔の東急文化会館の前を通りかかったら、FMの夜中の番組で「雪が降ってきた」がかかったんです。DJが「これ、いい曲ですよね」って。そのとき「僕の役目は終わった。もう辞めよう」って思ったんです。辞めませんでしたけど（笑）、それぐらいうれしかったんです。

——鎌田さんのそういう志向を、ジャニーさんは「わからない」と言いながら認めてくれてはいたんですか？

それはね、こういうことなんです。例えば、あるミュージカルで、仮に音楽制作費の予算が1000万あったとするじゃないですか。1000万でオーケストラを雇っても、曲数も多いのでたいした編成ではできないわけですよ。せいぜい30人。僕はそれを無視して60人編成でやるわけです。予算が1000万なのに、さらに使ってしまうわけです。「家を売れ」とかもう死ぬほど怒られますけど、「でも、これ作っておいたら何年も使えますよ」と伝えるんです。実際、当時作った曲はいまだに使っていますからね。もう30年近いです。

僕のアシスタントが光GENJIの曲をオーケストラで録ったんですね。ジャニーさんに聴かせたら「なんかダサいよ。鎌ちゃんのこれのほうが全然いいじゃん」って言われるわけ。「鎌ちゃん、これ何が違うの?」って。簡単です、人数のかけ方が違う。「俺がムダづかいして怒られたやつです」「そうだよね。だけど金かけても、いいものは何回でも使えるからね」って。そこはわかってくれるんです。やっぱりアメリカの本場のエンタメを知っているから、いい香りは的確に嗅ぎ分ける。そのへんの日本のプロダクションのお歴々とは全然違いますね。

——エンタメの本物を知っているってことですね。

そう。青いものを作れと言われて、作っているうちに「やばい、黄色になっちゃった」みたいなことってあるじゃないですか。ジャニーさんのところに持っていくと、「ユー、これ黄色じゃない。僕、青って言ったよね」「すみません。でもこれもいいかなと思って……」「ふーん」って聴いて、「うん、これもいいね」って。普通の人は怒るでしょう。「青を作れって言ったのに、なんでおまえは俺の言うこと聞かないんだ！」って。ジャニーさんは切り替えるんですよ。曲がよけりゃいい、ワクワクさせてくれりゃいいんです。

金曜日の朝11時に電話がかかってくるんですよ。「鎌ちゃん、どこにいるの？」「家です」「13時にジャニーズスタジオ来れる？」「行きますよ。何ですか？」「今日ジュニアが『ミュージックステーション』に急遽出演が決まったんだけど、曲ある？」って、今日の話なんです。僕はいつでも曲は数百曲以上、用意していますから、「ジュニアで2曲ぐらいですよね。これとかこれ、どうですか？」「ああ、いいじゃない。カラオケある？」「じゃあ、作家に電話します」。

作家にMP3のカラオケを送ってもらって、僕はその場で歌詞を書き始めるんですよ。自分とかエンジニアとか、そのへんにたまたまいた人に歌わせて、「こんな感じです」「OK、OK」「誰が歌うんですか？」「誰にやらせようかな」みたいなね。ジュニアを選別して呼んで15時頃に振付を始めて、16時頃にテレビ朝日のスタッフが見に来て「これですか」「いいじゃないですか」。完成もしていないデモの状態のオケにジュニアが歌を乗せて「ミュージックステーション」で初めてパフォーマンスをやるわけです。

みんなはそういうのについていけないんだけど、僕は面白がるタイプだから、いつでも準備しているんです。だから今日の今日でもできるんです。僕もジャニーさんも、いわゆるちゃんとしたものをやろうなんて思っていないんですよ。子供たちが元気に踊って、女の子たちが「かわいい」「かっこいい」って言ってくれればいいんだから、実は音質なんかどうでもいい。ワクワクさせることが一番大事。そりゃ音質もいいほうがいいに決まっています、もちろん。時間があるならいいものは作れます。しかし限られた時間のなかで最良のものを作ればいいという考えなんです。それに、そういう曲にかぎって逆にファンクラブからの反応が抜群にいいんです。

――先ほどおっしゃっていた、ロサンゼルスでメンバーと4人で暮らしていたときに『PRIVATE LIFE Light & Shadow』はできたんですか？

そう。隣同士のツイン2部屋で、僕とヒガシ、ニシキと植草。ヒガシは真面目だから、朝起きると、もうモーニングを頼んでくれていて、食べ終わってふたりのところに行くとまだ寝ていて、「おまえら、起きろ」と起こしてボイトレの先生のところに行って。毎日それをやっていました。

――それほどお金と手間をかけたということは、やっぱり逸材だったんですね。

逸材ですね。ニシキは本当にすごい。音楽性も高いし、ダンスもうまいし、話も面白いし、頭もいい。一番の才能を持っていたと思いますよ。ヒガシは努力の人です。圧倒的にコツコツ努力を積み重ねていくタイプ。植草は一番アイドル的な輝きがあるんですよね。筒美先生は彼の声を一番気に入っていたんですよ。マイク乗りのいい、甘い声。努力をしないんだけど、キャラクターは一番かわいい。サボっているくせに本番には強いしね。

――「SILENT DANCER」のラップ、取り入れるのがかなり早かったと思うんですが。

あれはニシキのアイデアですね。「ミッドナイト・ロンリー・ビーチサイド・バンド」もニシキがブロウ・モンキーズの「イット・ダズント・ハフ・トゥ・ビー・ディス・ウェイ」が大好きで、参考にして作ろうぜって言って作ったんですよ。ニシキのソロ曲「FRIDAY NIGHT」は佐野元春「アンジェリーナ」がヒントです。

「君だけに」の最初のデモを聴いて、広尾の歩道橋で泣いた

――少年隊のパフォーマンスは30年以上経った今見ても全然古びていなくて驚きます。

今の人たちにはできないです。今、植草がディナーショーを始めていますけど、少年隊のダンスは、ストリートダンスから始まっている今のダンサーたちは踊れないんです。少年隊のダンスってのはさまざまなエレガントな動きがものすごく細かく入っているんです。その当時の振付師のボビー（吉野）も厳しかったたし、ジャニーズのなかでも圧倒的にパフォーマンスのレベルが高かったんですね。

少年隊は本当にすごいです。「ボビーさあ、歌を歌うことを前提に振り付けてないよね」「付けてないよ。鎌田さんも踊りながら歌えるようにメロディ作ってる?」「作ってない。こんなの普通できっこないよな！　あいつら……！」って、ひどいことを言っていました（笑）。人間、甘やかさなければ何でもできるようになるんですよ。

武道館で少年隊のコンサートがあったとき、リハーサルで3人が下に降りていて、「鎌田さん、ちょっと歌ってみて」と言われたからステージに上がったら、返しのモニタースピーカーが見当たらないんですよ。彼らは踊るからモニタースピーカーは邪魔で、舞台袖の奥のほうにあって何も聞

こえない。「歌ってよ」と言われても歌えないんですよ。最低限、自分の声とドラムとピアノぐらい返ってこないと、歌えないのが普通です。彼らは勘と気配でそれをやっていたんです。それぐらい鍛えられていました。

――鎌田さんが会心の作と思われる作品はどれですか？

アルバムだと『TIME・19』かな。この作品は映画『19 ナインティーン』もあり、夏の『PLAYZONE』の舞台もありました。映画は作詞家の康珍化さんが脚本で、山下賢章さんが監督。この映画と舞台のコンセプトはとても大きく広いものでした。未来なのか？　宇宙なのか？　まったく次元の違うところから、この3人が地球にやってくるストーリーです。

そのためにこのアルバムまるまる1枚、脚本の康珍化さんが作詞しています（「君がいない」除く）。1曲1曲にストーリーやメッセージが必ずあって、ただのアイドルのかわいいラブソングを集めたものではないんです。そのときのシングル「君だけに」もただのラブソングじゃありません。遠い果てしない未来から「僕はたったひとり、君だけに会うために生まれてきた」という壮大なラブストーリーなんです。あの歌詞の言葉に、実は作っている自分が一番感動したかもしれません。曲を作るときもアレンジも、まったくアイドルということは考えていませんでした。ただ大きなメッセージを伝えることのみを考えていたんです。何よりも自分が一番感動するものを目指して。

植草がディナーショーのリハーサルで「グッバイ・カウント・ダウン」を歌いながら泣いていました。「鎌ちゃん、ありがとう。いい曲を作ってくれて。感動したよ、俺は」って。こんなうれしい言葉はないです。僕も同じように感動しているんです。

会心のシングルは筒美先生と作った曲は全部かな。家出をしてバンドをやっていたときが青春だったけど、スタッフとしての青春は少年隊ですよ。昼も夜も、春も夏も秋も関係なく、命がけでやっていた。だから35歳ぐらいまで意識がないんです。

筒美先生に「僕が徹底的に付き合う制作マンは、たぶん鎌田くんが最後だと思う」と言われたことがあります。「君だけに」は最初のデモを筒美先生の家まで取りに行って、広尾の歩道橋の上で聴いて泣きました。ただただ泣けてきたんです。簡素な打ち込みとコードだけをバックに、ピアノの単音で弾いているんだけど、ものすごい歌心なんですよ。あれは特に強く記憶に残っています。

そこからまた、ああだこうだ、と直していくわけだから、どの曲にも「こうしよう、ああしよう」がたくさんあって、思い出が濃密ですね。３６５日、24時間、昼も夜も少年隊でした。

かまだ・としや

24歳のとき山下達郎のムーン・レコードに参加。同時に近藤真彦のレコード制作がスタート。少年隊、光GENJI、SMAP、嵐、KAT-TUN、Hey! Say! JUMPなどをプロデュース。2010年からは北京と香港にも進出し、中国のチャート1位に4曲を送り込む。現在プロデュースする主なアーティストはMISIA、EXIT、LBD、倉木麻衣など。

少年隊の体と踊りを作った振付師

「まいったネ 今夜」は
完成度が一番高くて
もっとも彼らに向いている。
誰にもまねができない
少年隊だけのジャンルです

振付師
ボビー吉野

ボビー吉野さんは、かつてジャPAニーズ（ジャパニーズ）で田原俊彦らのバックダンサーを務め、のちに振付師として少年隊をデビュー前から徹底的に鍛え上げた人。「あんなやつらはいない」と誇る師匠に、少年隊のダンスのどこがすごいか、それをいかにして作り上げたかを聞いた。

――ボビーさんはシングルでいうと「FUNKY FLUSHIN'」まで振付をされていますね。

長いですね。デビュー前がまた長いし濃密なんですよ。彼らが事務所に入ってきた頃からずっと基礎レッスンをやっていましたから。自分がまだバックで踊っていたときにジャニーさんに頼まれて、毎週日曜日にテレビ朝日のリハーサル室でジュニアの子の基礎レッスンをやっていたんです。

――結成からデビューまで4年ほどかかっていますよね。

昔は今のジュニアみたいな研修生のことを「少年隊」って呼んでいたんです。そのなかから錦織と植草と松原（康行）ってやつがジャニーズ少年隊として、シブがき隊と一緒に東京12チャンネル（現テレビ東京）の「ザ・ヤングベストテン」にレギュラー出演するようになって、一時活動休止していたヒガシが松原と入れ替わりで加入したんです。僕はその番組の振付を担当していたので当然、少年隊もやりました。そこから始まった感じですね。デビューのちょっと前にニューヨークでマイケル・ピータースのレッスンを受けたときも一緒に行っています。

――3人に初めて会ったときのことは覚えていらっしゃいますか？

バラバラに会ったので、3人一緒に会ったっていう感じはないですね。ニシキはちょっと覚えていて、ジャニーさんに紹介されたのかな。何かの番組のリハーサルをしていたらニシキを連れてきて。当時NHKかなんかでドラマに出ていたのかな、「この踊りのこの部分を教えてくれって言うんだよ」と言われて教えた記憶があります。ヒガシはレッスン生のひとりで、かっこつけた子たちのなかでひとりだけスポーツ刈りだったから目立った。植草はメンバーが3人に絞られていく過程でいつのまにかいたという感じです。

――ビデオ『少年隊』の振付もボビーさんですか？

曲によって違うんですよ。「トワイライト・フィーリング」や「あいつとララバイ」あたりはたぶんやっています。ほとんどは西条満先生ですね。

――錦織さんがラジオで話していたんですが、ボビーさんが「錦織は今のうちに鍛えたほうがいい」とジャニーさんに進言して、通常のレッスンとは別に個人レッスンをつけていたとか。

個人レッスンというほどじゃないけど、レッスンのあとにやったりはしていました。僕は当時からスタジオを借りて一般の方に教えていたんですけど、そこにも来ていましたから、その意味では人一倍練習していましたね。だからやっぱり、僕のやりたい表現が一番できるのはニシキなんですよ。圧倒的に練習量も多いし、細かいニュアンスまで指示が行き届く。好き嫌いもはっきりしていました。

彼は運動神経がめちゃくちゃいいんです。頭もよくて、物覚えが抜群にいいからすぐにポイントをつかむし、ものまねもうまい。で、お笑いが好きだからデフォルメして、遊んだりふざけたりするのが好きなんです。だから真面目なほうに軌道修正するのが難しい（笑）。『PLAYZONE』とか、気をつけないとふざけてばっかり。ジャニーさんはそれが気に入らなくて「君のそのジョーク、ほんと面白くないよ」ってチクチク言っていました。それでもやり通すんですよ、ニシキは。ふざける気持ちが強い（笑）。

――「三味線ブギ」はボビーさんの振付ですよね。運動量すごくないですか？

やりました。「日本よいとこ摩訶不思議」とかもそうですね。あれはそういうレッスンをしたんです。体力の限界を完全に超えるという、アスリート的なね。その若者のエネルギー、爆発力に感激してもらえればいいなってことで。生で見るとすごいです。

――映像でしか見たことがありませんが、それでもちょっとどうかしてると思うくらいのレベルです。こんなことやっていた人いたの？ってびっくりしました。

誰もいないですよ。3人とも本当に身体能力が高いから、アクロバットもできるんですよ。そのあたりをどんどん追求していってああなったんです。1曲ならできても、コンサートで2時間ぐらいやると、限界を本当に超えますから。しかも1日5回公演とかね（笑）。

徹底的に基礎をやっていたから涼しい顔で本番ができた

――「少年隊をこういうグループにしたい」という方向性は最初からあったんですか？

だいたいの感じはありました。ジャニーさんはああいう身体能力をフルに使ったアスリート的な動きが大好きなんです。「今回はこれ」というアクロバティックな見せ場は毎回決めていました。そのために練習を積んでおくんです、常に。だからデビュー前の何年かが大切なわけですね。何年も前から基礎を叩き込んで、壊れるぐらいがむしゃらにやっておけば、いざデビューして人前に出るときには、汗ひとつかかずに涼しい顔でできるんです。

本番で100の力を出そうと思ったら、練習で120とか150まで追い込まないといけない。野球のピッチャーも、速球をコントロールできるようになるには、体力も技術も徹底的に身につけないといけないじゃないですか。少年隊はそれをしっかりやっていたので、いざデビューしてからは高度なテクニックもさほど力まずスムーズにできていた感じですね。

——長期的な育成計画があった？

あったというか「やりたいな」ですよね。ジャニーさんに素材を与えられて、マッチのバックでスタートして、番組のレギュラーもわりと任されていろいろやるようになった頃から、「こういうふうにしたいな」というイメージがありました。ジャニーさんって基本、僕に任せてくれるんで。「この曲でジュニア使って」くらいで、あとの注文は何もないです。やってみて違うと「ここ、ちょっと変えたら？」とか、一緒に教えているカミさんに言ってくる。俺にあんまり言うと怒るから。ジャニーさんは何でも思いつきで言うので、「何言ってんの？　もう作ってるんだから急に変えられないよ」って返すと、シュンとして引っ込むんです（笑）。

——そのデビュー前のレッスンは一日どれぐらい？

ベースは6時間ぐらいですね。番組やコンサートツアーの振付もあるから、そうすると7～8時間、長いときは10時間もやりました。丸一日に近いですね。それを毎週日曜日と、番組があるときは平日も。収録の前には振りをつけなきゃいけないし、ジュニアがバックにつく場合はジュニアにも教えて、合わせなきゃいけないから。収録にもついていきましたよ。

——3人だけじゃなくバックの振付もして、すべての統制をとらないといけないんですね。

それはたいしたことないんですよ。当時は田原俊彦のコンサートもやっていたし、小泉今日子とか松田聖子とか、外仕事もやっていましたから。全部パズルみたいに組んでいくんです。

——工藤静香さんや中山美穂さん、ジャニーズ内では光ＧＥＮＪＩと忍者にも振付されていましたよね。それを全部、並行させていたと。

コンサートの時期ってだいたい近いんですよ。田原やって少年隊やって、光GENJIがあって、忍者と男闘呼組を合わせた少年御三家。リハーサルはだいたいテレ朝で、何時から誰々、何時から誰々ってやるんですけど。毎回、昼頃に始まって、朝の4時か5時まで延々やっていました。ジャニーさんに「ボビーはタフだね」って言われたけど、あんたがやらせているんでしょってね（笑）。

――ほかの女性アイドルもやっていたのがすごいですね。歌番組で一緒になったときに「ボビーさん、次の曲お願いします」と言われるんですか？

そういうときもありました。一応フリーだったので。あとはいろんなつながりですね。少年隊にもいろんなスタッフが関わっているじゃないですか。レコード会社が同じだとか、プロデューサーが一緒だとか。例えば小泉のディレクターからマネージャーに話がいって、みたいなケースもあるし、本当にいろいろです。ほかにも、テレビを見ていて「この振付、誰？」と探してきたりとか。聖子ちゃんも昔から知ってはいましたけど、振付に関しては「夜のヒットスタジオ」か何かで田原の曲に俺がつけたのを見て「やってもらいたい」って来たんです。

――具体的に少年隊の曲についていて聞きたいのですが、「ABC」と「じれったいね」はボビーさんの振付でよろしいですか？

「じれったいね」は僕です。「ABC」はやるにはやりましたけど、全体としては西条満先生。間奏で僕の振りを使っています。長くやっていると振りが変わるから、そういうときに僕がつけた振りも使ったかもしれない。西条先生は歌振りといって、歌いながらの動きが得意なんです。ダンスパートでは僕のを使うことが多かった。「仮面舞踏会」も間奏だけですね。

――あの間奏は実にかっこいいです。もちろん歌の部分もいいんですけど、真骨頂は間奏なんじゃないかと思うくらい。今のテレビ番組で映像が流れると、あの前で切られちゃうんですよ。

一番いいところね（笑）。今、YouTubeで「踊ってみた」みたいなのがいっぱいありますけど、あれで面白い人いたなぁ。インストラクターの女性ふたりに男性ひとりで「仮面舞踏会」を踊った動画で「間奏は実力不足で踊れませんでした」とコメントしていて。「動けるには動けるけど、かっこをつけるのが難しい」って言っていたかな。「そうだよね」と思いました（笑）。そこは基礎をやっていないと無理だから。

何年か前にニシキと話したとき、今のジュニアの子たちをステージに上げても「立つことができない」って言っていました。ダラッとしちゃってポジションが作れないんですよ。少年隊はそういう基本を徹底的にやっているから、普通に立つだけでも決まるというか、始まっているでしょう、ちゃんと。体の作り方が違うからです。軸の使い方、見せ方、角度、全部に気をつかってスッと立つ。それでかっこよく見せるのは本当に難しいんですよ。

――後輩の子たちも少年隊の曲をやりますけど、背中が違うんですよね。

積み重ねの差が出るんです。つまんない基礎レッスンを延々やり続けていると、だんだんと体の使い方がわかってきて、ちょっとしたことも全部ビシッと入るようになるんだけど、それをやっていないと、ただ普通の人が立っているだけになっちゃうんですね。

休憩時間はニシキがずっとしゃべって、みんな笑っていました

――四六時中、振付を考えていらっしゃったんですか？

曲をいつもらえるかによるんです。早めにもらえたら時間の許すかぎり考えますが、ギリギリまでもらえないときもあるんです。そういうときはしかたないから現場でやります。音を出してちょっと聴いて、「とりあえず並んで」と言って、即興でつけていくんです。歌詞を聴くと情景が浮かぶじゃないですか。あれと同じように、「この音ならこういう動きだよな」って振りの情景が浮かぶんです。だから振付師なんです。

浮かんできた踊りのパターンをカウントにしっかり当てはめていって、ここはカンカンいっているからこう、ジャンといっているから止まろう、ここは少し抑えて次から激しくいこうとか、物語みたいなものを作っていくわけです。長くやっていると、自分のなかにフォーマットみたいなものができるから、曲に応じて当てはめていけるんです。歌うでしょ、3人でしょ、ジュニアがいるなら何人踊るでしょ、と型が決まっていくと、その時点でもうある程度はできます。舞踏のように自由に踊れるわけではないですから。

それを組み立てながら、見せ場を作って演出をしていく。あとは日頃からいろんなものを見て、見せ方を勉強したりとかね。当時よく見ていたのは、中国拳法の大人数で演武をする映像。ああい

うのを見ると「使えるな」って思うんです。そのままやるわけでは当然ないけど、動きや体の使い方を取り入れます。蹴りの形とかね。クラシックバレエにもある動きですけど、少年だから格闘っぽく荒々しいほうが合うだろうなとか。

——メンバーはどれくらいで覚えるんですか？

少年隊はめちゃくちゃ早かったですよ。事前に振付を考えていった場合、リハ室でひと通り踊って見せれば、8小節ほどの長さなら3～4回踊ったら完全に覚えます。踊り出したら、その瞬間に反応してついてこられるんですよ。慣れというか、普段やっていれば、そうなるものなので。

——語彙と文法を共有しているから会話ができるみたいな。

まるっきり初めてのジャンルなら、いちから見なきゃいけないですけど、ある程度、流れがあるから。だからレッスンが大切なんです。流れのなかで、こうきたら次はこういくだろうと。せいぜいAかBかCで、まるっきり別のXがくることはなかなかないので。あったらあったで経験の蓄積ができる。

少年隊も最初は本当に大変だったんですよ。マッチのコンサートでしたが、スケジュールがとれなくて一日で7～8曲覚えたんです。10時間ぐらい踊って、最後は両足がつって歩けなくなっていました。

——すごい……。ボビーさんとメンバーの年齢差はどれくらいなんでしょうか。

7～8歳ですかね。彼らが15か16のときに僕は22とか23だから、当時はすごく離れているように感じていました。今となっちゃそんなに変わらないけど（笑）。

――怖がられていました？

どうだろう。そうでもないとは思いますよ。ちゃんと厳しくしたつもりですけど、ある程度になったらけっこう楽しくやっていました。休憩時間はニシキがずっとしゃべっていて、昔のテレビのものまねやビデオの逆再生みたいなことを延々とやって、みんな笑っていました。「メイクの時間だから」と人が呼びに来たときにふと見たら、ひとりでやっていましたから（笑）。本当に面白いことが大好きで、真剣に一生懸命ふざけるんですよね。

――「もうできません」と弱音を吐いたりは？

それはないですね（笑）。死にそうになりながらひたむきにやっていましたよ。今だったら問題になるかもしれないけど、当時はそれが当たり前というか。「疲れたから大変だろ」っていう感じは全然なかったですね。「ほらほら、待ってんだから早くやれ（手を叩く）」って。

――錦織さんがテレビ番組で「ボビーさんの振付には休む隙間がない」と言っていました。

細かいからね（笑）。覚えるのもやるのも大変、みたいな感じだったんじゃないですか。

歌番組では踊りに合わせて音を足してもらったりしていました

――先ほど、「仮面舞踏会」は西条先生で、ボビーさんは間奏を振付されたとうかがいましたが、「ダイヤモンド・アイズ」はマイケル・ピータースですよね。

そうですね。

――「デカメロン伝説」は?

あれも間奏かな。ベースはたぶん西条先生です。「バラードのように眠れ」はまるまる僕ですね。

――「STRIPE BLUE」は?

僕はイントロ、間奏、コーダですね。これははっきり覚えています。歌の部分が三浦亨さんなんですよ。ジュニアがバックについたので、僕のなかではまるまる振付した感覚です。

――「君だけに」は山田卓先生で、「LADY」は? 披露された機会は少ないかもしれません。

僕もあまり覚えていないですね。

――「SILENT DANCER」は?

どうだったかなー。ニシキのバックに忍者がついて、その振りはやった覚えがあるんだよな。

――「ミュージックステーション」でしょうか。

それを僕がやったのかな。曲の振付をしたのかは覚えてないけど、「ミュージックステーション」の何かはやりました。

――「振りは今日覚えました」と錦織さんが言っていました。

本当にギリだと当日にやったりするんですよ。「ザ・ベストテン」もそういうときがありましたね。毎週、演出が変わるから、それに合わせてマイナーチェンジしたり。ジュニアの振りもそれに合わせて変わるので、僕的には毎回いろんな振りをやったという感覚なんですよ。少年隊はベースはそんなに変わらないから、見ている人と僕とではちょっと認識が違うんですよね。

――「ふたり」は？

違いますね。

――「What's your name?」はどうですか？

これは三浦先生で、バックについていた忍者の振りは僕です。この頃は僕がほぼ忍者にシフトしているんです。ジャニーさんは、ある程度までいくと軸足を移すんですよ。そうすると僕はそっちに呼ばれて、少年隊はもう自分たちでやっていくって感じになるんですよね。

――細かい話ですみません。「夜のヒットスタジオ」で白い衣装を着て、忍者がバックについてこの曲を踊っていたことがあると思うんですが。

どうかな。映像を見ればわかるかもしれません。

――（スマホで再生）

あぁ、これは僕ですね。このまわし蹴りみたいな動きは、『PLAYZONE '88 カプリッチョ－天使と悪魔の狂想曲－』のショータイムでこの曲をやったときの振りをそのまま持ってきたんです。

――歌番組全盛の時代で、視聴者に同じものを見せられない、と振付もどんどん変えていたんですよね。今から思うとぜいたくなことですね。

そうですね。演出がけっこう変わるんですよ。「ザ・ベストテン」も「ザ・トップテン」もそれぞれ特有の演出があるので、そこに合わせて作るんです。ハードスケジュールでほぼ意識不明ですよ。『ＰＬＡＹＺＯＮＥ』のときは、ゲネプロ前の最終リハで青山劇場に翌朝の４時頃までいましたからね。

あそこのステージって複雑なんですよ。コンピュータで制御するんですが、初期のコンピュータだから、１カ所変えたいとなったらアタマから全部打ち直すんです。「コンピュータ打ち込み、30分待ちです」みたいな（笑）。ショータイムっていう10分から15分ほどの少年隊オリジナルメドレーみたいなのがあって、それを任されることが多かったので、すごく勉強しました。

いくつもあるセリをすごく高く上げたり、階段状にしたり、両側を高くして真ん中は低くしたりとか、その演出も全部僕がやるんですけど、上がるのに何秒ってかかるじゃないですか。しかもセリごとに上がり方が違うし、５秒だったり７秒だったりと所要時間も違う。それを全部、計算するんですよ。必ず数秒ずつロスタイムがあるのを計算に入れながら、曲のどこに合わせるかっていうのをひとつひとつ決め込んで、それを資料にして流れを組んでいく。慣れちゃうとスムーズなんですけど、最初は本当に大変でした。

――ボビーさんがそこまでされていたとは驚きました。話を戻して、「じれったいね」はボビーさんの振付ですよね。

はい。途中、踊りに合わせてレコードに入っていない音を足してもらったりしました。「ＳＴＲＩＰＥ ＢＬＵＥ」も同じようなことをしましたね。「ここに〝ダカダカパン〟って破裂するような音を入れて」って言うと、鎌田（俊哉）さんが譜面に起こして、番組でやるときに渡すんです。もしくは今でいうクリックみたいな感じで入れて、それを聴きながらドラムの人が演奏する。「じれったいね」のあとはテレビでも打ち込みのオケを流すようになりましたけど、それまでは番組ごとにオーケストラがいたから、いちいち譜面を起こして渡していたんですよ。

ちょっと話がずれちゃうけど、オーケストラでやるときはモニターで聴くのが本当に難しいんです。当時はイヤモニなんかないから、返しが何も聞こえない。バンドなら前にでっかいコロガシ（モニタースピーカー）を置けるけど、ダンスするアーティストは邪魔だから横のほうに置くじゃないですか。そしたら本当に聞こえない。だからみんな自力で音をとるんです。全部、感覚で。

「まいったネ 今夜」は唯一少年隊だけのジャンル

――それもすごいことですね。「まいったネ 今夜」はいかがですか？「少年隊かっこいい！」とこの曲のダンスで開眼するファンも多いんですよ。

これは山田卓さんと僕のバージョンがあって、「夜のヒットスタジオ」とかでは混ぜて使っていましたね。1コーラス目まで卓さんで間奏から僕とか、アタマだけ卓さんであとは全部僕、エンディングあたりでまた卓さん、とか。踊りが明らかに変わるので、よく見ていたらわかります。

少年隊のダンスのなかでも一番完成度が高くて、もっとも彼らに向いているのがこれだと僕は思っています。誰にもまねができない、唯一少年隊だけのジャンルっていうか。ジャズをベースに、ストリートのニュアンスもちょっと入るんだけど、激しくやっても上品さがある。このダンスは少年隊しかできません。

――ジャズダンスと言いきるにはリズムのとり方が細かいですよね。そこがストリート感？

そう。フォービートを細かくとるっていうチャレンジなんですよ。もっと派手によく動く曲はほかにいくらでもあるけど、これは何気ないように見えて、めちゃくちゃ高度なテクニックとスピードがあるんです。プロのダンサーでもこのスピードでは入っていけない。

これを上品に見せるのはすごいことで、デビュー前からずっと鍛えているからこそできるんです。ジャンルを問わず、プロダンサーに見せるとみんなすごいって言いますよ。見る人が見ればわかる。僕としては無理やりやらせているだけなんですけど、できちゃうから。間奏から2コーラス目の部分が、一番うまくできたし、彼らにも合っていると思います。

――ボビーさんが思う最高峰はここですね。「封印LOVE」は？

たぶん名倉加代子先生じゃないかな。

――「FUNKY FLUSHIN'」は？

これはまるまる僕です。

――3人それぞれのパフォーマンスの魅力は何だと思われますか？　まず錦織さんから。

卓越した身体能力とセンス。きれいに見せるのもうまい。欠点はふざけすぎるところです（笑）。彼はロックが好きだから、もっと激しくやりたいし、崩したいんですよ。それを崩さないようにやらせると、摩擦が生じて、踊り的にも中途半端になっちゃう。できるのにやらないもどかしさがありました。見ている人が気に入ってくれればいいんですけど、もっとかっこよくなれるのにもったいないと、どうしても思っちゃいますね。勝手な理想の押しつけですが、羽生結弦ぐらいの表現ができる才能はあるので。

――東山さんはどうですか？

ヒガシは、こうするとかっこよくなるという見せ方をしっかり知っていますね。「こうしたい」という明確なイメージがあって、そこをきちんと目指してやっていて、その通りに動ける。だから見ている人の「かっこいい」という感覚とも一致する。そういう意味では素直な子ですね。

――それは視聴者にもはっきりわかります。ヒガシさんの美意識が伝わるといいますか。

デビュー当時は断然ニシキでしたけど、ちょっと経った頃から「ヒガシはうまい」っていう評価になっていきましたよね。

――植草さんはどうでしょうか。

運動神経はいいし、根性もあります。気持ちがすごく強くてくよくよしないし、おおらかでね。最初の頃なんかあれだけふたりと差があるとめげそうなもんだけど、絶対めげないんですよ。あと本番に強い。練習は適当にやって、本番だけ全力で振り切るんですよ。練習のときのニシキとヒガシが100だとしたら植草は30、それほどの差があるわけです。適当にやるからよけいそうなんですけど、本番になると、ほぼ同じぐらいになるんですよ。3人3様のバランスで、いいグループだったんじゃないですかね。

――俺が一番すごいんだって主張するような感じがないですね。

ほかのふたりを押しのけてはいかないですよね。3人で作るひとつのハーモニーのなかで、自分の役割をきっちりやっている感じはありました。

理想を目指してがむしゃらにやって、ある程度、到達できた

――ボビーさん自身のお話もお聞きしたいんですが、ダンスを始めたきっかけは何でしたか？

高校生の頃ダンスパーティが流行ったんですよ。チケットを売って、喫茶店とかにダンスフロアを作って、音を鳴らして踊って。そこで会った友達の友達がすごくダンスがうまかった。その子が踊るとみんなフロアからいなくなって、輪になって見るんです。それがいわゆるロボットダンスで、アフロのかつらをかぶって踊っていました。彼と仲良くなって家まで行って教えてもらって、それから家でも練習したり、ディスコに行ったりね。

――70年代にロボットダンスは早いですよね。

そうですね。空母のミッドウェイが横須賀に入ってくると、米軍の水兵さんが六本木に踊りに来るんですよ。そうすると新しい踊りが入ってくる。それを見て覚えたりしました。だからソウルダンスが僕のルーツなんです。今でいうストリート系のヒップホップだったり、ああいう感じの源流ですね。80年代に『フラッシュダンス』とかあの手の映画からブレイクダンスが流行りましたけど、少年隊はめちゃくちゃ早く取り入れていました。映画に出ていたダンサーが日本に来ると、ジャ

ニーさんのネットワークですぐに呼んで教えてもらったりしていたんです。

――振付師になろうと思われたのは?

ダンスグループでやっていたとき、すでに振りはつけていたんです。コンテストに出たとき審査員で来ていた北公次さんの関係でフォーリーブスのコンサートでバックで踊ったり、コーちゃん(北公次)のコーナーの振付もやるようになって。川崎麻世や田原のバックで踊るときも自分たちの振りは全部つけていたので、自然な流れで振付師になりました。

――振付のインスピレーションにされているのはどんなものですか?

ダンスの文法みたいなものを学ぶために、昔のミュージカル映画をすごく観ました。『ザッツ・エンタテインメント』や『雨に唄えば』とか。ジャニーさんに言われて少年隊と一緒にニューヨークに行ってミュージカルを観たのも勉強になりました。映画や舞台だけじゃなくて、さっき言った拳法とか、フィギュアスケートや新体操、マスゲームとか、とにかく体を使って動くものは新旧問わず何でも見ますね。どこかに面白いヒントはないかって。

――今の若手をご覧になって、少年隊に匹敵する逸材はいますか?

匹敵するかはわかんないけど、単純に踊りだけだと素質あるなって思う子は何人かいます。例えば、Snow Man の岩本(照)、佐久間(大介)、ラウール、Travis Japan の川島(如恵留)に宮近(海斗)。この子たちはオールラウンドで踊れるので注目しています。

――少年隊ファンが今も徐々に増え続けているんですが、なぜだと思いますか?

それもわかりませんけど、ひとつだけ言えるのは、とにかく理想を目指してがむしゃらにしんどいことをやって、そこにある程度、到達できたということですかね。それは今も昔も通じるというか、まっさらな心で見ると心に刺さるのかなと。ダンス必修化の流れとかK－ＰＯＰのブームとかいろいろあって、一般のみなさんも目が肥えてきたんでしょうね。

ぼびー・よしの

1976年にダンスチーム、ファンキードールズに参加し、1978年にジャPAニーズを結成。田原俊彦、少年隊、光GENJI、忍者、SMAP、ジャニーズJr.ら多くのタレントに振付してきた。2004年から13年間、『アニー』の振付を担当。1987年に立ち上げたボビー吉野ダンススタジオでも多くのダンサー、アーティストを輩出してきた。

“渡鬼”夫婦
長子と英作の
ラストシーン

**最後のスペシャルのときに
植草くんが楽しく
芝居をしていたのが
とっても印象的でした**

俳優
藤田朋子

ドラマ「渡る世間は鬼ばかり」（TBS系）で長年、本間長子と本間英作として、植草克秀さんと夫婦役を演じた藤田朋子さん。彼女の目に映る「植草くん」はいったいどんな人物なのか。

――撮影現場の植草さんはどんな感じでしたか？

「渡る世間は鬼ばかり」って、新しいキャストが加わるとその人を紹介するための場面があって、必ず7～10ページの長ゼリフがあるんですよ。それが2シーンとかある。たぶん「紹介」みたいな意味合いもあったでしょうし、キャラクターを作り込むのに欠かせない場面なんですね。

植草くんの初登場は、私が夫を亡くして悲しんでいるところにお詫びに来る場面でした。夫がどういうふうに亡くなったか、お医者さんだから医学用語を混ぜながら話さなきゃいけないんですね。入念に準備してきて、ただでさえ緊張しているところに、当日になってセリフをひとつ、藤岡琢也さんから「こっちのほうがいいんじゃないかな」とご提案があって変えたんです。その箇所でものすごく緊張していて大変そうでした。それが最初の思い出です。

——1回でうまくいったんですか？

どうだったかな……覚えていないです。でも、とにかく専門用語が多くて大変だったと思います。そもそも手術っていう言葉も言いづらいし。そこにはいつも苦労していましたね。

植草くんと私はお互いに性格が似ていて、みんなリハーサルの日には台本を持たないでやっていたのに、私たちふたりの場面ではちょいちょい台本を見ながらやっていました（笑）。植草くんはメリーさんから「ちゃんとやらないとダメよ」と念を押されたって言っていましたけど、もちろん緊張感はありつつも、同世代の仲間がいる心強さもあって、ほどよい緊張感のなかでいつも撮影をしていた感じです。

私はいろんなアイデアを持ち込んでトライするほうだったんですけど、「こういうのどう？」って提案したら「とこちゃんが言うんだったらやる」って乗っかってきてくれて、ふたりらしい場面を作るようにいつも工夫していました。

長子と英作って、台本の字面だけ見るとケンカばっかりしているんです。でも憎しみ合っているわけじゃなくて、ちゃんと愛し合っているからこそのケンカなんだ、という、台本に書かれていない関係についてよく話し合ってました。それを前提に「ここはちゃんとケンカしよう」とか「ここは表向きは仲直りをしないけど、お互いにわかり合えるようにアイコンタクトをしよう」とか。そのまま使ってもらえたところもあるし、割愛されたところもあります（笑）。

――最初から息は合いましたか？

そうですね。とにかく植草くんが私に気をつかってくれて、それでうまくいっていたんじゃないかと思います。

これからふたりの場面をもっとやれたらもっと楽しくなったのにな

――現場の雰囲気はどんな感じなんですか？　和気あいあいとしていたのか、それとも緊張感が漂っていたのか。

ドラマや映画の現場を知らない方にお伝えするのは難しいんですが、例えばそうだな、窓を拭く作業は簡単ですけど、ホテルの最上階の窓を外から拭くっていうと緊張感があるじゃないですか。そういう感じです。「渡る世間は鬼ばかり」にはある程度の緊張感が常にありました。というのは、まず私たちの倍ぐらいのキャリアの大先輩が常にいらっしゃるのがひとつ。あと、カメラの数が多いんです。作品によって1台しかない現場もあるんですけど、「渡鬼」は1シーンにつき15分なら15分、それを長回しで何台かのカメラで撮る。カメラが多くなればなるほど、いろんな角度から撮るので、立ち位置も角度もセリフのタイミングも決めごとが多くなって大変なんです。

――なるほど、そういうことなんですね。

例えばカメラが2台なら、音を録る人もライトを照らす人も2台で撮る画のなかでミスをしなければいいけど、これが6台とかになると、カメラは移動していろんな場所から撮ったりするし、そのたびにみんな移動して、照明さんも点けたり消したりするわけじゃないですか。マイクの影を出さないためにはどこまで下ろせるかとか、気をつけなきゃいけないことが多いんです。

それを何日もかけて何十回もリハーサルするわけじゃなく、事前のリハーサルと現場に入って3、4回のリハーサルでクリアしていく。私たちよりずっとベテランのスタッフさん、共演者のみなさんがNGを出さないのに、私たちがNGを出すわけにはいかない。そういう雰囲気で本番を迎えるわけだから、言葉にできない緊張感はいつもありました。でもそれが当たり前の現場なので、いつもピリピリしているわけではなくて、冗談も言うし、待っているあいだはムダ話もします。

だからひとことで「和気あいあいとした現場でした」とか「緊張感がすごかった」とは言いきれないんです。もちろん深刻な場面の前はみんなムダ話などしないで集中しているし、みんなでワイワイガヤガヤやる場面の前は、その前からワイワイガヤガヤしてそのまま場面に入っていくし。例えば自分はセリフがなくても、セリフがある人の集中を妨げちゃいけないからおしゃべりは控える、みたいなこともちろんあるけど、あんまり静かだと「自分のためにみんなが緊張してる」って思っちゃうし、配慮は必要ですよね。それは植草くんとの場面に限らず、役者である以上はいつもやっていることです。逆に「はぐれ刑事純情派」（テレビ朝日系）はカメラの数も少なく、映画みたいな雰囲気でした。「渡鬼」はほかの現場とは全然違いましたね。

——印象に残っているおふたりのシーンはありますか？

最後のスペシャル（2019年9月16日放送）のときに、帰ってきてみんなでご飯を食べる場面で、植草くんが楽しく芝居をしていたのがとっても印象的でした。大勢でセリフがたくさんあるシーンは決まりごとが多くて緊張します。どのタイミングで食べるとか、いつ飲むとか、いつご飯を器に盛るとか、そういうことに集中してとっちらかっちゃうこともあったんですけど、そのときはすごく楽しそうに場をまわしていた印象があります。私が器を配るときに、私のタイミングを読んでフォローしてくれたり。「楽しそう」が的確な言葉かどうかはわからないけど、セリフや演技が完璧に自分のなかで満たされていて、自由な状態になれていたように感じました。それまでの植草くんは演技の楽しさに気づかないまま、長いセリフに振りまわされていることが多かったような気がします。

アドリブで何かしたときの反応もよくて、私も楽しかったし、これからふたりの場面をもっとやれたらもっと楽しくなったのにな、とは思います。植草くんはよく「とこちゃん、急にやめてよ（笑）」と、「何をしてくるんだろう、この人は」ってワクワクよりドキドキしながら場面に臨んでいた気がするんです。でも最後の「渡鬼」では一緒にそれを楽しめていたのでは？と思うんです。私も脅かさずにいられました。画面を通して、その差はわかりにくいかもしれないのですが、頼れる英作でした（笑）。本人に聞いたらどう言うかはわかりませんけど。

――とってもいいお話です。

私がやっているライブにも初期の頃、足を運んでくれました。「君だけに」をアレンジして歌うから聴きに来てよって言ったら、「クリックで指を鳴らす音あるから使う？」って言われて「いらない」みたいな（笑）。20年以上前かな、植草くんが少年隊ではダンスよりもボーカルに主軸を置いている存在ということもあって、「デュエットできたらいいね」ってよく話していて、私がやっていたユニットの曲を少年隊のアルバムに植草くんのソロとして入れようってレコーディングしに行ったこともあるんですよ。残念ながら実現しなかったけど。

――これからでもできそうじゃないですか。

そんなに深く関わらなくていいです（笑）。ニシキくんと仲よくやってもらえれば。

――「ニッキとかっちゃんねる」はご覧になっていますか？

見たことはないんですけど、ファンのみなさんがいろいろ教えてくださいますね。「ツイッターやっていますよ」と言われて、ニシキくんと植草くんをフォローしていますし、たまにコメントも入れています。アイドルにはあんまり近づいちゃいけないとわかっているので控えてはいますけど、誰に対しても同じなので、ふたりにも気になればコメントしています。友達だしね。

悪役を演じる植草くんを見てみたい

――植草さんと共演される前、少年隊にはどんなイメージがありましたか？

どうだったかな。私、デビューしてすぐのドラマでご一緒したのが川崎麻世さんだったんですよ（「追憶のクリスマス・イブ」）。以来、ずっとジャニーズの方とは恋人の役をやったり、友達の役をやったりという流れできていたので、同世代の人がきたねって感じでした。シブがき隊のフッくん（布川敏和）やヤッくん（薬丸裕英）とは仲がよかったし。少年隊のメンバーではヒガシくんと「源氏物語」で会ったのがたぶん植草くんよりも先ですね。「植草をよろしく」って言われたかもしれない。ニシキくんも、どこで会ったのかは覚えていないけど、なんとなく知り合いでした。

――好きな少年隊の曲をひとつ挙げるとしたら、やはり「君だけに」ですか？

そう。あんまり知らないですし（笑）。私にとって植草くんは仕事仲間、友達でしかないので、彼について何かを詳しく知ってるわけじゃないんですよ。植草くんも私のことについてはその程度だと思います。

――「渡鬼」には少年隊のメンバーが全員、出演しましたよね。それぞれ俳優としての持ち味は違いますか？

違いますね、やっぱり。共演はヒガシくんが一番多いんじゃないかな。夫婦役もやったし、ニシキくんとは舞台で、私が大好きになる役をやったこともあります（『おんなの家』）。みんなすてきな俳優さんたちです。これはジャニーズの人みんなに共通していることだけど、相手のことを気づかってくれるし、リードしてその現場を和ませてくれたりしますね。なおかつ、みんなハンサムだから、それはすてきな空間になりますよね（笑）。夫婦の役をやったりすると、お芝居のなかとはいえ「こんなすてきな人が、私のどこを好きになったのかな」って戸惑ったりして（笑）。

――東山さんも錦織さんも「渡鬼」の現場にはすぐなじんでいましたか？

ふたりともポイントで出演されたので、なじむとかなじまないとかじゃなくて、普通にプロとしてお仕事して帰られたっていう感じです。現場に知り合いがいると緊張も少しほぐれるということを思えば、私はいいポジションにいたのかもしれません。よく知っている人間がいることで、逆に緊張したかもしれませんけど（笑）。ヒガシくんはどこに行ってもイメージのままだから、「緊張しているよ」とは言ってもそうは見えない。真面目だし、真面目な顔して面白いことといっぱい言うし、魅力的です。

ニシキくんは演出もやっているせいか、全体をよく見たうえで自分の役割を役に投影している感じがあって、そういう意味では緊張感がありましたね。『おんなの家』でご一緒したときは、毎朝「ここちょっと直そうか」とか「ここ、こういうふうにしてもいいかな」みたいな細かい直しのお稽古にも付き合ってくれて、ありがたかったし、楽しかったです。

その意味でいうと植草くんは、英作のときはものすごく芝居のことを語るわけでもないし、殻に閉じこもっているわけでもないし、なんていうか、ふんわりした感じでした。だけど、さっき話したように、最後の「渡鬼」のときに新たに違った面が見えて、これからは植草くんともより深いものを積み重ねた役作りができるなって思ったので、今後またご一緒できたら面白くなると思いますね。ラブシーンにしてもケンカのシーンにしても、お互いにバックグラウンドがあるから深いところを演じられる気がします。稀有な関係性だと思います。疑似夫婦をこれだけ長くしているから。

――『PLAYZONE』はよくご覧になられていたんでしょうか。

「観に来てよ」と誘われて何回か拝見しました。完全にファンの方だけで客席が埋まっちゃうんだけど、一般のミュージカル好きの方たちにも観てほしくなる、すばらしいステージでした。毎年いろんな工夫もしていたし、常にファン以外の人のこともちゃんと意識して、質の高いものを作ってやっていたはずです。だってあの3人なんだから。

――映像ソフト化もされました。

メディアになったものと劇場で観るものは全然違います。ずっと引きで撮っているならまだしも、人物をクローズアップした時点で誰かの主観が入っているし、映像の演出もされているわけで、それは同じとはいえませんよね。例えばヒガシくんがアップになっているときに、ジュニアの子が後ろのほうで何か芝居をしているかもしれない。その全体像でひとつの作品なのだから、やっぱり劇場で観るのとは別物だと思います。

ひとつ面白い話をすると、私が『PLAYZONE』を観に行くと、楽屋中に「とこちゃんが来た!」と噂が流れて、ゲスト控え室に「ダメ出しはありませんか?」って言いながら挨拶しに来るんです(笑)。ニシキくんと植草くんがふざけてそういうことをやるから、私も「あそこの立ち位置おかしかったよ」とか、くだらないダメ出しをせざるをえない。ヒガシくんだけはそういうのに乗らないで普通に対応していましたけど(笑)。

――2020年末におふたりが事務所を退所されましたが、何か感じることはありましたか？

仕事仲間として「そうなのね」っていう感じですね。ニシキくんと植草くんはとても仲がいいので、一緒に退所なんだなぁって。いつもつるんでいるみたいだから、あのふたりは（笑）。昔、植草くんにご飯に誘われて行くと、必ずニシキくんもいましたし。

――植草さんとの再共演、何かで実現したらいいですね。

今のお互いの立ち位置だと、どうしてもみんなが「渡鬼」に関連づけてしまうので、なかなか実現しないかもしれないですね。それだけ強烈な作品ですし。お互いがもう少し別のところでフィールドを広げた先に、本当にひとりの俳優同士としてどなたかがカップリングしてくださったら、それはそれで面白いなって思いますね。それはもしかしたらずっと先で、ふたりとも枯れ枯れになったときかもしれないけど（笑）。

――植草さんのどんな役が見てみたいと思いますか？

殺人鬼かな。表向きは普通なんだけど、根っこに闇を抱えていて、人を殺しまくっているような役。やさしくて、明るくて、ふわふわした雰囲気だから、やさしいお父さん役なんかはもう十分でしょ。主演じゃなくてもいいから、作品のキーになるような悪役を演じる植草くんを私は見てみたいです。

ふじた・ともこ

1987年、ミュージカル『レ・ミゼラブル』でデビュー。翌年、NHK朝の連続テレビ小説「ノンちゃんの夢」のヒロインに。「渡る世間は鬼ばかり」をはじめドラマ、映画、舞台など出演多数。歌手としても夫であるアコーディオニスト桑山哲也と定期的にライブを開催。和装小物「苺壱ゑ」やアクセサリー、食器のブランド「じゅわいぼる」プロデュースなど幅広く活躍。

大人の少年隊に名匠が紡いだ「生身」の言葉

**人間くさい体温や、
息づかいのようなものが
僕の詞の特徴。
そういうことを踏まえて
依頼していただいたと思う**

作詞家
松井五郎

安全地帯や氷室京介を筆頭に数えきれないほどのヒット曲を作詞し、田原俊彦、光GENJI、V6、KinKi Kids、Sexy Zoneなどジャニーズとの仕事も多い松井五郎さん。少年隊の主に後期、『PLAYZONE』関連を中心に、松井さんは少年隊にどんな言葉を授けてきたのか。

――松井さんが作詞をされた「GATE」という曲が『少年隊 35th Anniversary BEST』の完全受注生産限定盤に初めて収録されました。お蔵入りしていたのが信じられないような名曲だと思いますが、いつ頃作られたものなんでしょうか？

僕が少年隊に関わった時期を考えると90年代の後半だろうと思うんですけども、実はこの曲のことは僕も覚えていなかったんです。もしかしたら少年隊にというよりも、東山くんのイメージで書いた曲だったかもしれません。「どうなってもいい」も実はそのパターンで、彼が田原俊彦くんの「どーしようもない」という曲が好きということで、対になるような意味合いの作品をと、タイトルも近い感じで作ったんです。

――「こんな世界観の曲を」みたいなリクエストがあるんでしょうか。

それはあまりないですね。ミュージカル関連のものについてはコンセプトみたいなものをお聞きしますけど、そのほかの場合は、タイアップが決まっていたりするケースを除いて、わりと任せてくださいます。決め打ちで頼まれる場合もありますし、シングル候補曲のひとつとして頼まれることもありますが、好きに書かせてもらって、当然ながらジャニーさんやメリーさんのジャッジがあるので、その段階でさらなるリクエストをもらう形が多いです。「ＧＡＴＥ」も特に「こうしてほしい」と言われて書いたものではないと思いますね。

――少年隊にどんなものを託して作詞をされましたか？

ある程度アーティストの型みたいなものができてくると、今度はどういうものに挑戦していくかということになると思うんですよね。少し硬派というか、男女のラブソングとはまた違う、別の視点からの眺め。そういったものをやってみたかったんだと思います。いわゆる世紀末でしたので、終末観と言うとちょっと大げさですけど、未来が明るくなるのか暗くなるのか、希望と不安が入り混じった時期でもあって、そういったものを表現したかったというのはたぶんあったんじゃないかな。それが今の世のなかとリンクしてしまったところがありますが。

人間くさい体温や息づかいのようなものが僕の詞の特徴だと思う

――「Oh!!」も少年隊には珍しく男っぽい詞ですが、東山さん主演のドラマ（「ザ・シェフ」日本テレビ系）の挿入歌でしたよね。

ドラマタイアップの場合、脚本をいただいて読んでから書く場合と、「こんな感じ」程度の情報量で書く場合があるんですが、このときは詳しく聞かなかったと思います。それと、僕は脚本をいただいても実はあんまり読み込まないんですよ。ドラマのテーマやストーリーやセリフを歌でなぞってもしょうがないので。それぞれが違うことを言っているのがうまい具合に溶け合って相乗効果を生む、そういう歌にならないといけないと思うんです。「Oh!!」も、誰と誰がどうしたみたいなことは具体的には語っていないですよね。「GATE」では「鉄の扉が歪む　崩れたビルのサーチライト」と光景が具体的ですけど、「Oh!!」では「星空を見上げている　誰のものでもない瞳」と、人称や視点など、わざと曖昧にしている。それがドラマの一場面にはまったときに相乗効果を生むように意識していたと思います。

――この男女からは順風満帆に恋愛している印象をまったく受けないんですよね。何か因縁がありそうだな、と思わせるような。

たぶんそれは僕の芸風だと思います（笑）。輪ゴムをグーッと引っ張ってパッと放すときの強さみたいなものを意識しているので、結論が「君が好きだ」だとしても、出だしからそのことはあまり書かないんですよ。サビの「君が好きだ」を爆発させるために、序盤では自分がいかにさみしくて苦しいかみたいなことを書いて溜めておく。

――少年隊ってキャリアを通して生身の男っぽさを売りにしていた時代があまりないと思うのですが、松井さんが書かれた歌ではグッと前面に出てくる感じがあります。

安全地帯とか氷室京介くんの作品でもそうですが、人間くさい体温や息づかいのようなものが僕の詞の特徴だと思うんですよね。そういうことを踏まえて依頼していただいたと思います。少年隊はイメージとしては優等生でしたけど、それでも男性のいろいろな面を、たとえフィクションであっても表現したいですし、イメージと真逆のものを表現したほうが面白いんじゃないかな、というのは当時、考えていたと思います。東山くんのソロ曲「Be COOL」なんかもそうですけど、ちょっとワルっぽい男というか、男のイヤな部分も歌ってもらったりしました。

――自由にやらせてもらっていたとおっしゃっていましたから、ディレクションではなく松井さんご自身のアプローチだったんですね。

そうです。ストレートに彼らのイメージをとらえる歌詞がほしいときは別の作家に頼んだと思いますし、僕であってもリクエストがあると思うんですよね。僕に頼むからには「一度寝たくらいで幸せねだるって　冗談かい」（「Be COOL」）ぐらいのことは言わせる作家だと覚悟はしているんじゃないかと（笑）。男性の体温みたいなものを感じさせる詞を僕に期待されていたところはあったと思います。

歌が育っていくのは長く続けてきたことへのご褒美

――「情熱の一夜」は『PLAYZONE 1999 Goodbye & Hello』のオープニングの印象が非常に強いんですが、そのために書かれた曲なんでしょうか？

そうでもなかったと思います。『PLAYZONE』は少年隊のライフワークとして上演されていたものですから。ジャニーさんプロデュースなので。どの曲がどこにどういう形で使われるかは最初の段階では僕には全然わからなかったです。シングルで依頼されて不採用になる場合もよくありますし。例えばJ-FRIENDS（「明日が聴こえる」１９９８年）とか２０２０年の「Wash Your Hands」みたいに、何か企画があるときは別ですけど、「シングル候補」みたいな形で依頼されることが多かったです。時間がないときは別ですけどね。コンペでなかなか決まらなかった場合に、最後の最後のギリギリで、翌日とか2日後までに仕上げてください、みたいな感じで声をかけていただくこともあります（笑）。

――えっ、そんな急に？

デジタルやネットの時代が進化して、制作のスピード感が変わり、今「ここで書いて」と言われればその場でやるぐらいの感じですから（笑）。シンガーソングライターの人と一緒に即興で詞を書くイベントもやっていますし。みなさん、作詞してるところをあまり見たことないと思うんですよね。ちゃんと書いているところをたまに見せなきゃいけないなと思って（笑）。

――それは拝見してみたいです。松井さんはどういうスタイルで書かれるんですか？　手書きなのか、パソコンなのか。

基本的には音を聴きながらパソコンでやることが多いですね。最近はほぼ曲先で、アレンジもほぼできあがっているデモ音源が来るので。たまに演歌や歌謡曲で詞先だったりする場合は、筆圧がほしくてシャーペンや万年筆で紙に書くこともあります。

――「情熱の一夜」は本格的なラテン調ですね。ファンの間では『ＰＬＡＹＺＯＮＥ』のテーマ曲といえばこれ、という一曲だと思いますが、松井さんは『ＰＬＡＹＺＯＮＥ』はご覧になっていましたか？

１９９８年の『5night's』は観ました。青山劇場に一回だけ行っているんですよ。ただご本人たちにはちゃんとご挨拶したことがなくて、東山くんにたまたま一度レストランで会って紹介していただきました。彼は覚えていないと思いますけど（笑）。

ジャニーズの仕事では、アーティストのスケジュールの都合でほとんど現場に行くことがなくて、作品を提出すると、あとは完成したものを送っていただく。ですから、書くときは、ファンのみなさんと同じ情報量で作品と向き合っています。ただ、歌というのは育っていくので、時間が経つとまた違った意味を持つ。「ＧＡＴＥ」が今の時代に合っていると言いましたけど、「勇気１００％」

がいろんな後輩たちに歌い継がれたり、「愛なんだ」をV6の解散でよく耳にしたりみたいなことも含めて、作ったときとは違うものになる。ジャニーズの作品はそういったことが多い気がします。アーティストの成長によって、作品も成長していく。それは長く続けてきたことへのご褒美というか、ギフトみたいなところがありますよね。

――「情熱の一夜」について、ご自分で気に入っているところはどこですか?

タイトルがけっこう気に入っています。重い漢字がふたつとひらがながひとつあって、「一」っていうすごくシンプルな文字があって、語感と見た感じのバランスがいいなと。若い頃にレタリングをやったりしていて、デザインみたいなことが好きなんです。今も自分でプロデュースしてインディーズで出すCDはジャケットまわりも全部、自分で作っていますし、詩集なんかも作っているので、文字の並びや見た目にすごくこだわりがあるんですよ。「Oh!!」に関して言えば、「Oh」だけだとちょっと弱い、エクスクラメーション・マークがふたつつくことでバランスがとれるという感じでした。「Be COOL」の「e」だけ小文字にしたりとか、「bite the LOVE」の「bite the」だけ小文字にしたりとかね。1行の長さや改行の位置もすごく気にします。

単体でも成立できて、ストーリーなどと相乗効果を生むような歌を

――「bite the LOVE」は『5night's』のオープニングを飾る曲ですが、これは「bite」とついているぐらいですから、ヴァンパイアの物語ということを踏まえて書かれたんでしょうか。

どうでしたかね。ただ、吸血鬼にしてもフランケンシュタインにしてもオオカミ男にしても、人間のある部分のメタファーとして創造されたものじゃないですか。特に吸血鬼には非常に性的な色合いがある。吸血鬼のお話だと思うと「bite」という言葉がそこに直結するけど、知らない人が見たらもっとセクシーというか、例えば強い愛撫なんかをイメージすることもあると思うんですよ。だから詞では意識的に、匂わせはしますけど、「この人たちが吸血鬼だ」みたいなことは書かずに、普通のラブソングとして成立するバランスで書いています。

物語のなかでしか歌えないものじゃなくて、単体でも成立できて、ストーリーやキャラクターやセリフと相乗効果を生むような歌を書きたいんです。主人公の生い立ちは舞台のなかで語られるわけじゃないですか。ミュージカルでも、ここはどんな街で私はどんな人で何を考えているかみたいな、見たまんまのことを説明していくような歌はあまり興味がわかない。

――ちょっと話がそれるかもしれませんが、物語から詞の世界を浮遊させて抽象化する際のコツというか、方法論みたいなものはあるんでしょうか？

例えば吸血鬼の物語だとして、そのイメージのおもとになっているドラキュラ伯爵の物語は、ある種の悲恋とも言える。例えばフランケンシュタインの物語も父と子のお話だったりするし、根本には人間がそもそも持っている業とか矛盾とか苦難とか、いろんな感情があると思うんです。ですから歌詞を書くときも、その根底に流れるものまで想像を働かせて、例えば歴史だったりお芝居だったり音楽だったり、いろんな構成要素やバックグラウンドのなかから紐づけできるようなものを模索しているかもしれません。

――そうして世界観を立体的にしていくわけですね。さっき曲調がほぼわかった状態で作詞をされることが多いとおっしゃっていましたけど、完成して「あの曲がこんなふうになったのか」と驚かれることはありますか？

ジャニーズに関してはアレンジが8割方できあがっている状態で僕のところに来ることが多いので、それはあんまりないですね。ただ、KinKi Kidsの場合は織田哲郎さんの曲に作詞させてもらうことが多いんですけど、織田さんはご自分の弾き語りに近いデモが多いんですよ。ほとんどギター一本のような。昔の玉置（浩二）なんかもそうですけど、シンガーソングライターの方だとその段階で来るときがあって、そういうケースではアレンジを経て完成したのを聴いて「おお、かっこよくなったな」と思うことはよくあります。

人が聴いてくれて、初めて歌に意味が生まれる

――どなただったか、詞を送る際にイメージしてほしい写真を添えて一緒に送るっていう作詞家の方がいらっしゃいましたけど、松井さんはそういうことはなさいますか？

ないですね。さっきお話ししたようにスケジュールが切迫していることも多いですし。僕も先輩のある作詞家の方が写真を送ったりされると聞いたことがあります。それもひとつの方法ですけど、逆に、言葉からその人たちがイメージしてくれるものでやってもいいなとも思うんです。

言葉の力で言えば、記念館にうかがったときに拝見したんですが、阿久悠先生は自筆の原稿じゃないですか。それはもうそこに重みがあるというか。すごいなと思います。作家性みたいなものが今よりも重視されていた歌謡界の「作詞家」とは違って、僕はどちらかというと「作詞屋」なんですよ。僕ももちろん伝えたいものはありますけれども、最終的に歌になって、それを聴いてくれる人まで含めたものが、僕にとっては作品というか。

僕が書いた作品そのものは、フランケンシュタインのたとえで言うと（笑）、まだ指先でしかないんですよ。それが手となり、全身となり、魂を持って世に出て、いろんな人に聴かれて、その人の人生をいくらか豊かにする。あるいはさらに時間が経って、その人の子供に聴かれて、また何かひとつの世界を作る。世界との共同作業とまで言うとちょっと大げさですけど、そういう循環のなかに自分の作ったものがあるっていう感覚なんですよね。

――種をまくみたいな。

そうです。若い頃はもっとこだわりがあって、一字一句変えてほしくなかったし、「直してくれ」と言われたらカチンときましたけど、あるときから「言葉って自分のものじゃないな」っていう感覚になってきたんです。そもそも「言葉」は自分が作ったものじゃないじゃないですか、漢字もひらがなもカタカナもアルファベットも。言葉っていわば道具でしかないわけですよね。そうすると「自分のもの」なんて錯覚だな、自分はただ道具を並べ替えて意味を作ってるだけなんだなって。例えば僕が「愛してる」と書いたとして、その言葉がどう響くかは聴く人次第というか、誰かが聴いてくれて初めてひとつの意味が生まれるわけですよね。それは千差万別なんだと思って、すごく気持ちが楽になった経験があるんです。

——どんなご経験ですか？

ある時期、仕事がめちゃくちゃ増えて、本当に時間がなくて精神的にも肉体的にもきつかったんですよ。一番多いときには年間250曲ぐらい書いていたので、2日に1曲じゃ足りないペースです。そんななかで、あるとき、言葉を持とうとするからつらいんじゃないかと思ったんですね。「自分は常にからっぽでいい」という感覚になったんです。自分が抱えている必要はないなと思って。今で言うクラウドですよ（笑）。

昔は躍起になって所有していましたけど、今はクラウドに置いておいて、「少年隊に詞を書いて」と頼まれたら少年隊のイメージで言葉を持ってきて、書き終わったらまたリセットして、別の人のときはまた別の言葉を持ってくる。自分がいつもからっぽな状態でいるとすごく楽だし、毎回リセットして新たにスタートする感覚だから、時間がかからなくなってきましたよね。

——空中に浮かんでいる言葉をつかまえて持ってくるような感覚でしょうか？

そう。少しでも時間ができたら、例えば喫茶店で人を待っているような時間に、見えているものや風景を言葉に置き換えてみたりするんです。

テーブルの上にグラスがあるとします。それを誰かに伝えたいとき、写真を撮って送れば早いですよね。でも、言葉で伝えるとなったら難しいんですよ。大きさ、柄、質感など、グラスひとつにも相当な固有の情報量がある。その柄の名前を知らなかったりするし、相手も知らないかもしれない。そうすると、自分が知っている言葉、持っている言葉って、実はたいしたことないなって思える。そこで、いろいろ調べたり、伝え方を考えたりするわけですよね。そのときは、この世界に漂っている、つまりクラウドのように浮遊してる言葉の情報を集めてるんだと思うんですよ。言葉って空気のように実はすでにあるもの。

それに詩的な言葉を探そうとすると、似たようなものしか出てこない場合もある。それより、そこからは遠い、ふと目にしたものから物語を探していく。グラスの水の量で時間を示すことができるし、グラスの数によって人数や人称を示すことができる。片方は空っぽで、片方は満ちていたとしたら、ひとりがずっとしゃべって、もうひとりはずっと聞いていたことになる、とか。そこから物語が生まれる。

歌になんらかのリアリティを込めてあげたい

――松井さんはご自分の曲を歌い踊る少年隊をどんなふうにご覧になっていましたか？

僕のなかでは、ご本人たちがどう思われるかわかりませんけど、最初、少年隊を見たとき、フォーリーブスの血が流れているなと思いました。フォーリーブスは僕が子供の頃からスターだった人たちです。スマートっていう言葉が一番ぴったりくるのかな。ほかのジャニーズのグループが出てきた頃とくらべると、少年隊は若いのに最初からちょっとダンディさを持っていましたよね。

――そんなスマートでダンディな少年隊に、松井さんの歌詞が生身の男っぽさを付与していたと私たちは思ったんですが、ご自身ではどう思われますか？

時代でしょうね。デビューはアイドル的だった吉川晃司くんもそうですが、アイドルが自分の言葉を持つようになって、生身の自分らしさを体現していこうとし始めた時代だったと思うんです。

山口百恵さんの引退あたりから、アイドルだって恋愛するし、傷つきもするし、ちゃんと生きているんだってことが少しずつ世間にも見え始めて、自分が歌う曲にも意見を持つように徐々になっていったと思うんです。だから僕も、これは少年隊にかぎらず、歌になんらかのリアリティを込めてあげたいというか、込めなきゃいけないんじゃないかなということを強く感じていたと思います。書いたことが本当の現実かどうかは別としてね。

――「自分に依頼が来るってことはそういうことだな」という感じですね。

かつて一時期、なぜか僕が作詞をすると、その後そのアーティストが週刊誌をにぎわす記事が出ることが続いて（笑）。そうすると歌が少しリアルになるんですよね。そんなつもりでは書いてないんだけれど、「好きだけどうまくいかない」みたいな詞を歌ったときにリアリティを帯びてくる。

それまであまりリアリティのないことを歌ってきた歌手が「もしかしたら本当に自分のことを歌ってるのかもしれない」とか「本人が作詞をしてるんじゃないか」と思わせるような場面が増えてきた。アイドルだってみんな生きていて、人間としての感情があるから、ひとことでも何か埋めてあげたいという気持ちはあったかもしれません。一般の人の情報量が多いアーティストほど、歌の内容と結びつけられやすかったかもしれませんね。

――突拍子もない質問ですけど、もし少年隊の新曲を「松井さん、お願いします」と言われたら、どんな世界を歌わせてみたいですか？

どうでしょうね。今、少年隊は何歳なんでしたっけ？

――錦織さんが56歳で、植草さんと東山さんは55歳です。

その年齢になってくると、だいたいみなさん人生を歌い始めるんですよ。「マイ・ウェイ」みたいな歌を、ああいう曲調じゃないにしてもね。ただ僕個人としては、年齢を重ねた日本人アーティストに「I love you」をちゃんと歌ってほしいという願望があって。例えば、アンディ・ウィリアムスにしてもレイ・チャールズにしてもトニー・ベネットにしても、60、70、80歳になっても「I love you」と歌えて、かっこいいじゃないですか。ああいう曲を書いてみたいですね。

よく「大人のラブソング」と言いますが、シチュエーションや関係性で大人っぽくしているだけで、本来そんなものはないと思うんですよ。恋をして感じることって何歳でも変わらないじゃないですか。会いたいとか、一緒にいたいとか、あの人のことを思ってボーッとしちゃうとか、大人も恋をすると幼稚になりますよね（笑）。だから大人が「I love you」と歌うのは実は少し難しいんです。

――それは少年隊というよりも、この国の男性みんなの課題という気が……。

そうですよね。力まないでフッと「I love you」って言えるような、その言葉の軽さをうまく歌える人はいないもんかなと思います。そういう意味で、例えば今の加山雄三さんにラブソングを書き下ろすのは簡単じゃありませんけど、若い頃に歌った「君といつまでも」は今でも歌えるじゃないですか。それはスタンダードナンバーだからですよね。少年隊でいうと「君だけに」なんかは、彼らにとってそういう普遍性のある曲だと思うので、56歳なら56歳なり、60歳なら60歳なりの「君だけに」があると思うんですよね。それはぜひ聴いてみたいです。

まつい・ごろう

1957年生まれ。1981年、CHAGE and ASKAの曲で作詞家としてスタート。以後、幅広いジャンルのアーティストに作品提供を行う。2021年現在までに3300曲を超える数の作品を手がける。NHKアニメ「忍たま乱太郎」の主題歌「勇気100%」は25年以上ジャニーズのアーティストに歌い継がれている。

第4章

令和に“隊沼”に落ちた者たちの証言

少年隊の曲
しか流れない
木曜深夜ラジオ

「この番組は少年隊ファン
有志の企画でお送りしました」
こんなすてきな提供クレジット
読んだことないです。
涙が出そうになりました

ラジオ大阪アナウンサー
藤川貴央

35周年記念ベストアルバムの限定盤で世に出た少年隊のレアな曲を、入手できなかった人にも聴いてほしい。そんな思いからファン有志が手弁当で企画し、2021年に実現させたラジオ番組「It's SHOWTIME!」(OBCラジオ大阪)。夢のような番組のビハインドストーリーを、MCを務める藤川アナに話してもらった。

――もともと少年隊にはどんな印象がありましたか?

子供の頃、日本テレビ系の「世界まる見え!テレビ特捜部」を毎週欠かさず見ていたんですよ。

東山さんと植草さんが交互で出演されていて、ビートたけしさんにピコピコハンマーで叩かれたりしていました。親しみやすさもある、かっこいいお兄さんというのが当時の印象です。

――楽曲はご存じでしたか？

印象的だったのは、１９９８年の長野オリンピックのときにフジテレビ系の公式イメージソングになっていた「湾岸スキーヤー」。山下達郎さんの曲ですよね。あれを子供のときに聴いて「うわぁ、かっこいいな」って思ったのが、少年隊の曲との出会いでした。

実は私、姉と母がジャニーズファンで、ジャニーズの曲がずっと流れている環境で育ったんですよ。「湾岸スキーヤー」も、姉が「ミュージックステーション」を録画していたのを一緒に見て知ったんです。姉はKinKi Kidsのファンでしたが、KinKi Kidsにかぎらずジャニーズのグループはみんな見ている感じで、少年隊の曲もよく聴いていました。だから、この番組が始まって、その頃に聴いた曲がけっこうあるって気づきました。今となっては姉に感謝ですね。

――「It's SHOWTIME!」はとても珍しい形の番組だと思います。

まさにその通りで、ファン有志がお金を出し合って放送枠を購入するというのはラジオ業界で初めてのことなんです。ラジオ大阪はこれまでも前例のないことをやってきた局ではありますが、弊社でもこういうことは初めてですね。

ラジオ番組制作実行委員会の発起人であるフリーアナウンサーの馬場尚子さんのツイートからすべては始まりました。錦織さんと植草さんの退所の発表と同時にリリースが告知された『少年隊35th Anniversary BEST』完全受注生産限定盤は、申し込み期間が非常に短くて、手に入れられた人が少なかったんですね。そこに収録されたニューボーカル（新録音）の曲や未発表曲を買えなかった方たちも聴けるようにするにはどうしたらいいだろう、ということで弊社に提案してくださったんです。

――ツイッター発の番組だったんですね。

そうなんです。馬場さんは実はOBCでCMのナレーションなどもしてくださっていて、私と掛け合いをしているものもけっこうあります。馬場さんを中心にSNS上で番組実現に向けて動きが活発化していくのを私も見ていたんですが、そのときは「なんか面白そうだな」と思っていたくらいで、まさか自分がMCを担当することになるとは思ってもみませんでした。

制作が決定してから進行をやってくれと言われて、「少年隊がデビューしたときには生まれていなかった私がどうして？」と聞いたところ、馬場さんが私の声と少年隊の楽曲とのマッチングがいいと思ってくださったそうです。それに、ファンのみなさんの思いをきちんと届ける、公正中立な立場で少年隊の魅力を正確にお伝えするという番組の特性上、局アナが適していたとも聞いています。非常に光栄なことでした。

「何回でも噛んでください。もう1回聴きたいので」

――番組のなかで心がけていらっしゃることは？

私の最大の仕事は「邪魔をしないこと」だと思っています。感情を込めすぎず、でもしっかりと伝えるという意識でマイクに向かうこと。具体的なことを言うと、入手困難な貴重な音源や限定盤の曲は、曲フリと曲シメのコメントを絶対に曲にかぶせません。全部きちんと聴いてもらいます。

毎回3曲お送りするんですけど、1曲目と3曲目は曲にかぶせてナレーションをするので、噛むことが許されないんですよ。噛んだところを編集しようと思うと、曲ごと切らないといけないので、まるまる録り直しになるんです。15分に全集中という感じですね（笑）。

台本が非常に凝った作りになっていまして、さりげなく歌詞を引用していたりするんですよ。これも実行委員会が練りに練って作ってらっしゃるんですけども、ファンのみなさんには「あの歌詞を使っているな」とわかる工夫がちりばめられています。

ファンのみなさんの思いを損なうことなくきちんと伝えるという意味では、ニュースを読むときの感覚に非常に近いです。言いまわしがちょっと違ってもニュアンスが変わる可能性があるので、どうしてこの言葉を使っているのか、事前にレクチャーを受けるんです。いつも実行委員会のおふたりが録音に立ち会ってくださいますので、「こういう感じで読みましょうか」「ここはもっと抑えたほうが」「この言葉が大事なんです」と、よくよく打ち合わせをしてから臨みます。

――思いを背負って代弁していらっしゃるんですものね。

これだけの思いを背負ってスタジオに入るということは、なかなかありませんからね。かといって何か特別なことができるわけではないですから、私は心を込めて、誠実に、丁寧にアナウンスをするだけです。私の声から少年隊ファンのみなさん、リスナーのみなさんに何か伝わるものがあればいいな、なんて思いながらお届けしています。

たぶん「35th Anniversary BEST 限定盤」と日本一言っているアナウンサーが私だと思います（笑）。限定盤なのか通常盤なのかが大事ですからね。

——立派なファンですね。録り直しになったことは何回かあるんですか？

ありますよ。1本全部録ってから「タイミングがちょっと違う」とか「もう少し最後の曲を聴かせたい」とか。最後の曲のサビをもう少し聴かせるには、全体をもう少し早く読む必要がある、と全編録り直したこともあります。3曲目を最後までぴったりかけたい場合、終わりから逆算して、何分何秒までにこの曲フリを終えて、前の曲を何秒までに入れなければいけないって、すべて決まってきますよね。なにしろ15分なので、きっちりきっちりと秒単位で決めないといけないんです。

——すごい。大変ですね。

私は「できるだけ完成度の高いものを」と思っていますから、録り直しはまったく負担じゃありませんが、実行委員会のみなさんはほかにお仕事があるなかボランティアでやってくださっているので、収録が長くなると申し訳ないなと思っちゃうんですよね。あるとき「ごめんなさい。忙しいのに、また15分まるまるかかっちゃって」と言ったことがあるんですが、実行委員会の方は「いいんです。何回でも噛んでください。もう1回聴きたいので」と言ってくださいました。

——もう1回聴きたい……愛ですね。

とても温かい雰囲気で、私にとってはいとこのお姉ちゃんのような距離感です。すごく好意的に見守ってくださるんですよ、みなさん。粗を探せばいろいろ指摘するべきところもあると思うんですけど、そんなのいいじゃないって感じで、仲間のひとりとして見てくださっている感じがします。その懐の深さに甘えちゃいけないので、いつも気を引き締めています。

――リスナーの方からのメールやお手紙はどうですか？

ドンと来ますね。15分番組とは思えない量のメッセージが届きます。多いときは100通くらい来ますよ。9月26日に60分の特番を放送したときは、1300通以上のリクエストが届きました。普通は2～3時間のワイド番組でも50通ぐらいなので、とんでもない数です。

ツイッターでも番組関連のハッシュタグがのきなみトレンド入りするんですよ。「#SHOWTIME」とか「#ラジオ大阪」とか「#藤川貴央アナウンサー」といったハッシュタグをみなさんがつけてくださるおかげで、私は毎週木曜日深夜にトレンド入りする謎のアナウンサーになっています（笑）。少年隊ファンのみなさんのパワーと温かさですね。番組と一緒に進行係の私も盛り立ててくださるのがとてもうれしいです。

――感動したことはありますか？

私が一番グッときたのは初回放送のエンディングなんです。「この番組はどこどこの提供でお送りしました」という提供クレジットはたくさん読みますが、だいたい企業か団体なので、「この番組は少年隊ファン有志の企画でお送りしました」、民放局のアナウンサーを11年やっていて、こんなすてきな提クレは読んだことないです。宣伝目的でもなく、営利目的でもなく、ファン有志の企画で作りましたというクレジット。涙が出そうになりました。

――ラジオ大阪も懐が深いですよね。こういう企画があっても、普通は「いや、どうなのかな」となりそうですが。

なりますね。個人の集まりがスポンサーになった前例がないので、実際にそういう議論はありました。そこで、実行委員会を組織してもらって責任の所在を明らかにしつつ、間に代理店に1社入ってもらうという体制を組んだんです。それはそれで大変な作業でしたけれど、弊社もなんとかみなさんの思いにお応えしたい、ラジオ局として応援したいという気持ちがありました。

ですから、ほかのアーティストのファンのみなさんにも同じような形で企画を持ち込んでいただいて、いろいろできたらいいなと思っています。ぜひそう書いておいてください（笑）。ラジオ大阪なら、やります！

ご本人降臨と「プラネット賞」での評価が2大ハイライト

――承知しました。過去の放送のハイライトは、東山紀之さんご本人からリクエストがあった回と、つい最近の植草克秀さんの代理としてスタッフの方からリクエストが届いた回でしょうか。

そのふたつですね。東山さんのリクエストは6月3日木曜日の第3回放送でした。ご本人からコメントとリクエストをいただいたんですけども、直接ラジオ大阪にお電話をくださるという神対応中の神対応です。びっくりしますよね。「ジャニーズ事務所の東山です」とお電話がかかってくるんですよ。私は取材で出ていてお話しできなかったのが残念でしたが、「番組実現までの経緯を知って、ファンのみなさん、ラジオ大阪さんにひと言お礼を言いたいと思って、少年隊を代表してお電話しました。ふたりも喜んでいると思います」と言ってくださいまして。

——泣けてきますね。

泣けるでしょう。リクエストが「おしゃれ泥棒」だったんですよ。「午前0時同じ星空に　あなたは何をしているの？」という歌詞があるこの曲を、23時45分から深夜0時の15分間という放送時間を考えてリクエストしてくださって、番組スタッフはもちろんラジオ大阪の全社員が感激しましたし、ツイッターのタイムラインもファンのみなさんの喜びの声であふれました。この放送をきっかけに「ラジコプレミアムに加入しました」や「ラジオ大阪のほかの番組も聴き始めました」という声も届いて、本当にうれしかったですね。

植草さんの事務所の方からリクエストをいただいたのは、9月26日日曜日の深夜0時、「秋の感謝祭」と銘打った特別番組でした。実はリクエストには植草さんへのサプライズの意味もあったらしく、というのもご本人がよく番組を聴いてくださっているそうなんです。

リクエスト曲は植草さんのソロナンバー「Dear…」でした。曲にまつわるエピソードや近況、さらに「今までも、これからも応援し、支えてくださるたくさんの方に感謝を込めて」というメッセージも添えられていました。植草さんと番組リスナー両方へのサプライズを叶えてくださったんですね。スタッフの方もすばらしいなと感動しました。

――ファンの手によってラジオ番組が作られ、何十年も前に自分たちが心血を注いで作った曲が流れるのは、きっとご本人も素直にうれしいんじゃないでしょうか。

私もそうだったらいいなと思いますし、そうだと信じたいですね。ファンの方とアーティストの間で、ラジオを通して新しい形のコミュニケーションが生まれたって言ったら、よく言いすぎですかね？

――いやいや、本当にそうだと思います。実行委員会のみなさんとラジオ大阪さんの偉業です。

厚かましいんですけれども、錦織さんもリクエストやメッセージをお待ちしております。

――（笑）それにしても東山さん、「おしゃれ泥棒」をチョイスしたのはさすがですね。できすぎなくらい。

超一流の人はやっぱり超一流なんだなと思いました。知る人ぞ知る少年隊の名曲をお届けする番組ですから、趣旨にもぴったりなんですよ。私、東山さんには思い入れがあるんです。実はラジオ大阪に入る前に福島テレビのアナウンサーをしていたんですが、そのときに『小川の辺』という映画のPRでいらした東山さんにインタビューさせてもらったことがあるんですよ。

子供のときに「世界まる見え！」で見たり「湾岸スキーヤー」を聴いてかっこいいなと思っていた東山さんが、目の前にいらっしゃる。それを入社2年目くらいの新人アナウンサーのときに経験したんですよ。「うわぁ、王子様やん」ですよ、本当に（笑）。ものすごく緊張しましたけど、つたない質問にも丁寧に気さくに答えてくださって、最高の思い出になりました。そんな東山さんとまたラジオ番組を通して接点ができたのは夢みたいですね。

――いっそのこと出演してくれたらいいですよね。

そうなんですよ。出てください。また私がド緊張しますけども（笑）。

――ご本人登場以外で印象的だったことはありますか？

ラジオリスナーが印象に残った番組を選ぶ「プラネット賞」で６月の最終選考まで残ったのはうれしかったですね。結果は４位でしたが、「ＪＵＮＫ 伊集院光 深夜の馬鹿力」とか「マヂカルラブリーのオールナイトニッポン０（ＺＥＲＯ）」みたいな全国的に人気のある番組とＯＢＣの15分番組が同じ土俵に上がるなんて考えられないことですからね。

プラネット賞事務局の方からも最大級の賛辞をいただきました。「１次選考は多数決で、２次選考は深夜ラジオ中心のリスナーの選考委員が行うという特性上、月間賞の受賞は難しいと思いますが、本家のギャラクシー賞を受賞してもおかしくない放送内容だったと思います」と。これ以上ない言葉ですよね。それで、実行委員会も私もその気になっちゃいまして、ギャラクシー賞にエントリーしようと今、申込書を書いているところなんです。

ファンの姿がアーティストのあり方を表している

――受賞をお祈りしています。でも当初はこんなに長く続けるつもりで始まったわけではなかったですよね？

４回限定放送の予定でした。ところが、いざ始まったら出資希望者の方が殺到して、まず1カ月の放送延長が決まったんです。それからさらに出資が集まって、９月の東山さんのお誕生日に合わせて1時間の特番をやりましょうと。その「秋の感謝祭」のときに、２０２1年いっぱい延長すると発表できたんですよ。今も２０２２年の５月の錦織さんのお誕生日までの延長を目指して、有志のみなさんが準備しています。

——延長できるといいですね。

それから、この本の発売と同じ12月12日、少年隊のデビュー記念日に、深夜なので日付は13日になっちゃうんですけど、また1時間の特番が決定いたしました。

——すごいですね。

実行委員会のメンバーが台本を作って選曲もしているので、大変な仕事量なんですよ。出資者とのやりとりも。それを全員、無報酬でやっているんです。グラフィックデザイナーさんや会社を経営されている方がいて、ひとつの会社を作れるほどのプロ集団が、告知の動画からラジコのサムネイル画像まで、すべて無償で作ってくださっています。実費でお願いしたら高いと思います（笑）。それだけの強い愛があるんですよね。

——半年ほど放送を続けてこられて、藤川さんが気に入った曲はありますか？

音楽に関しては本当に雑食なんですが、もともとミュージカルが好きなんですよ。その下地があったせいか、『PLAYZONE』で歌われていた曲はいいなあと感じます。西寺郷太さん作詞の「プリマヴェラ~灼熱の女神~」とかね。あとは「Oh!!」。この20枚目のシングルはむちゃくちゃ好きです。もう1曲挙げるとすると、バラードの「愛と沈黙」、これもいい曲です。

すっかり私も沼に落ちておりまして、赤と黄色と黒の組み合わせを見ると反応してしまいます。東京オリンピックを見ていたときも、ドイツの選手団が入場してくれば「少年隊やん!」、ベルギーが入ってくれば「少年隊やん!」。そんな体になってしまいました(笑)。

――令和の世に少年隊の楽曲だけを流すラジオ番組があるというのは、ちょっと奇跡的なことだと思います。この現象が成立しているのはどうしてだと思われますか?

私がそんな偉そうなことを言っていいのかと思いますけれども、まずひとつは、時代が移り社会が変わっても、いいものはいいんだと思います。もうひとつは、少年隊の歌には普遍的なテーマが多いですよね。愛であったり人生であったり、生きていくうえで大切なことを前向きに表現している楽曲が非常に多い。だから何十年後に聴いても「ああ、そうだよな」と共感できることも挙げられると思います。

もうひとつ、これが最大の理由になると思うんですが、ファンを大切にされてきた少年隊お三方の生きざまですね。この半年間、実行委員会のみなさんと一緒に番組を作ってきて、ファンの姿がアーティストのあり方を表しているということがものすごくよくわかりました。

ファンとアーティストの関係は絶対に一方通行ではなくて、それだけのものをアーティストが与えているから、ファンは懸命に返そうとする。このギブとテイクは必ずイコールになると思うんですよ。いいものをしっかり見抜いて愛するファンのみなさんがずっと支えてきたことは、お三方がファンを大切にされて、少年隊として必死で生きてきたからなんだろうなと思いますね。こんな答えでよろしいでしょうか？

——完璧以上です。最後にあらためて今のお気持ちと、今後の抱負をお聞かせください。

はい。この半年間、私はラジオをやっていてよかったなぁと思わせていただきっぱなしでした。ラジオ大阪は本当に厳しい経営状況が続いています。空前のラジオブームなんて言われますが、それは一部のキー局や人気番組の話であって、地方局の番組が爆発的にリスナーを増やすのは実に難しいんです。昔のようにみなさんに喜んでもらえるコンテンツを作ることは難しいんじゃないか、もうやめてしまおうかと思ったことも何度もありました、ここ数年で。

でも「It's SHOWTIME!!」が始まって、まだまだラジオ大阪はみなさんに喜んでいただける放送局になれるという希望を見せてもらいました。みんなでラジオの前に集まって、楽しみに、うちの番組を聴いてもらえる。ＯＢＣの放送が流れているところに集まってもらえる。ＳＮＳで感想をシェアして、ああだこうだと盛り上がって、タイムラインが温かい言葉であふれていく。ラジオアナウンサー冥利に尽きます。

少年隊のお三方と実行委員会のメンバー、そして番組を盛り上げてくださるリスナー、少年隊ファンのみなさんに感謝の気持ちでいっぱいです。ここまで温かいお心をいただいて、番組を成長させてもらいましたので、もし番組が2022年5月まで続くとしたら、恩返しの気持ちを胸にこれからもマイクに向かうつもりです。

――ファンコミュニティのみなさんがリアタイしたい番組になっているのはすばらしいですね。ある意味、ラジオの原点みたいな番組なのかもしれません。

そうなんです。本当にそうなんですよ。ラジオは本来、共感のメディアであって、みんなでワイワイ聴くものです。その原点がここにあるんじゃないかなということは僕も感じています。私もハッシュタグ「#SHOWTIME」を追いかけながらリアタイして、いいねを押しまくっています。ツイッター社にロボット認定されて押せなくなるまで（笑）。

ふじかわ・たかお

福島テレビ（フジテレビ系）のアナウンサーを経て、2013年にラジオ大阪へ移籍。「朝の顔」として、早朝ワイド番組のメインパーソナリティを務めたほか、「藤川貴央のDMZ」など音楽番組を中心に担当。「R-1ぐらんぷり」2回戦出場。「上方漫才大賞」では司会者のひとりとして関西テレビとの同時生放送にも出演。★「It's SHOWTIME!」ラジオ大阪（OBC）毎週木曜23:45～24:00放送中

大注目のYouTuberが少年隊の旅へ

「エンターテインメントでダンスをするってどういうことなんだろう」という問いへのすべての回答がつまってる

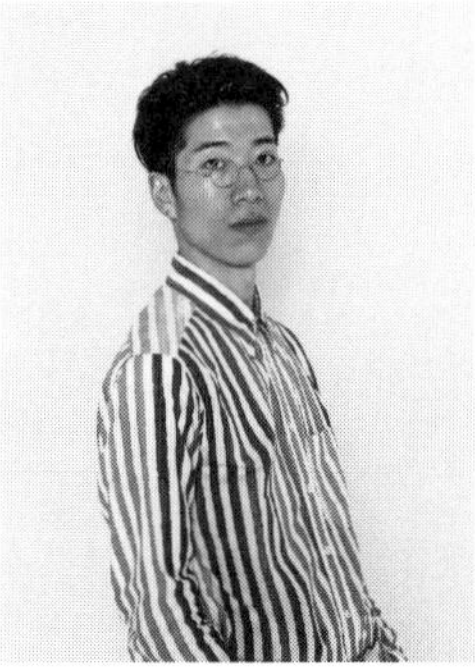

ダンサー／YouTuber
ARATA

K-POPやJ-POPのダンスの見どころを解説するYouTubeチャンネル「ARATA DANCE SCHOOL」が大人気のARATAさん。令和の世を生きる平成生まれの彼に、昭和の少年隊の映像をたっぷり見てもらい、解説をお願いした。ARATA DANCE SCHOOL 少年隊編、開講！

――少年隊ってご存じでしたか？

お名前を聞いたことはある、という感じですかね。東山さんはテレビでよくお見かけしますけど、メンバーだったということも漠然と情報として知っている程度でした。

――そんなARATAさんに、たっぷり少年隊のパフォーマンスを見ていただきました。

初めて見ました。実は過去に何度か、視聴者の方から「少年隊の錦織さんのパフォーマンスをぜひ見てほしい」と言われたことがあって、錦織さんっていうすごい方がいるらしいということは情報として知っていたんですけどね。

なので最初は東山さん以外のおふたりは、どっちがどっちだろうみたいな感じでした。ただ、めちゃくちゃうまい人がセンターにいるのはパッと見てわかったので、お顔にカメラが寄ったときに一時停止を押して、別のブラウザを立ち上げて「少年隊　メンバー」で検索して、写真と照らし合わせて「この方が錦織さんか」っていう（笑）。そのレベルからのスタートですね。

——いざご覧になってみていかがでしたか？

めちゃくちゃ面白かったです。すごくいいパフォーマンスだなと思いますし、司会者さんとのやりとりとかメンバー間のコミュニケーションとかも含めて、古きよき時代のエンターテインメントの匂いがちゃんとしてきました。アイドルのオールドスクールですよね。

——オールドスクールとは？

ダンスをやっている人はオールドスクール、ニュースクールっていう分け方をするんです。音楽、衣装、歌い方、パフォーマンス、ダンスのジャンルなど、いろいろなものを総合した呼び方なんですけど、オールドスクールあってのニュースクールなので、歴史をさかのぼることは今を知るうえでもすごく大事なんです。少年隊さんを見て、ジャニーズさんが今もやっていること、やりたいことがこのへんの時代からスタートしているんだな、という印象を受けました。

今はもうなかなか見られないんです、こういうパフォーマンスって。僕はもともと『雨に唄えば』とか『ウエストサイド物語』みたいな昔のミュージカル映画が好きで、それがダンスを始めるきっかけにもなっているんです。そういう古きよきエンターテインメントに通じるものも感じました。音楽シーンでシティポップがリバイバルしていますけど、今の時代にない明るさが今の人たちに刺さっているんじゃないかと思うんです。それと同じように、少年隊さんのパフォーマンスにもハマる若い人がけっこういるんじゃないかな、とも思いましたね。

——ここ数年、実際に増えているんですよ。「少年隊沼に落ちた」という若い方がけっこういて。

時代のファッションとして楽しめるんじゃないですかね。現代のオタク向けのアイドルとはちょっと違って、大衆向けのカルチャーとして成熟しているからこそ、今の人にもハマる余地というかキャパシティがあるんじゃないかと思います。

計算し尽くして組まれたチームじゃないかと思うぐらい完璧

——具体的に目にとまったところを教えていただけますか?

とりあえず全部驚きました。楽曲も衣装もパフォーマンスもすばらしくて、ハンドマイクを1回置いてダンスブレイクしてまた拾いに行くのとか、マイクスタンドの使い方も面白かったです。

まず僕が驚いたのが1983年「ザ・ヒットステージ」の「踊り子」です。

——デビューの2年前、フォーリーブスのカバーですね。

間奏のダンスブレイクの錦織さんの動きがめちゃくちゃやばいと思いました、個人的に。全体的には足を高く上げたり手を大きく広げる、ジャズやステージミュージカル系の動きなんですね。東山さんがバック転して錦織さんがバック宙して、植草さん、東山さんとソロをつないで、最後の錦織さんだけ全然スタイルが違うんです。

ちょっとカクカクした、人間っぽくない動き。マイケル・ジャクソンさんとかがやっていたポップっていうダンスを取り入れているんです。ソロパートはたぶん何をするか決まっていなくて、日によって変えていたと思うんですけど、植草さんがビシッと決めて、東山さんが足を高く蹴り上げて、さぁ次は?ってなったところで抜いてくるセンスがめちゃくちゃやばい。

最後に開いた足を閉じてヌヌヌッと上がってくるときにリズムを消しているのもやばいです。フレーズのパターンに慣れてきたところにそれがきたんで、思わず立ち上がりました（笑）。巻き戻してもう1回見て、何これ?みたいな。これをやる人が日本のアイドルにいたんだ!って。

すべてにおいてギャップがあるんですよ。ダンスブレイクで弾けるところで抜いて、止まる動きを見せて、さらにリズムを消していく。めちゃくちゃセンスを感じます。

——当時17歳か18歳だと思いますけど、その余裕はすごいですね。

僕がポップとかの動きを見るのって、だいたいオリジネーターと呼ばれているアメリカの人たちの古い映像なんですよ。オリジネーターの方が日本にいらしたとき僕もワークショップに行って教わったりもしましたけど、その人たちのフィーリングに近いものを感じました。3人ともタイプが違うじゃないですか。

――どんなふうに分類されますか？

東山さんはシャープで丁寧、繊細なイメージがあります。お手本通りに忠実に。あとラインをきれいに見せていくことにすごくこだわりを持っていらっしゃる印象ですね。

錦織さんからはめちゃくちゃグルーヴを感じます。爆発系の天才肌というか。何がすごいって、あの時代にあのダンスをできているのがすごいです。誰に習ったのか、何を見て学んだのかが気になって気になって。今の時代に踊れる人がたくさんいるのはわかるんですよ。ネットで世界中の人たちの情報が仕入れられるから。でもインターネットのない時代にあそこまで完璧なパフォーマンスができるのはどういうことなんだってすごく気になります。

あとは単純に身体能力が高いですよね。足のスタンスがひとりだけ広いんですよ。股関節が柔らかくて体幹が強くないとあのスタンスはとれないので、もともと持っている筋肉がいいのかもしれません。ジャンプもめちゃくちゃ高いし。東山さんにもわりと同じことが言えるんですけど、東山さんのほうがもうちょっと意識が上のほうにあって、スッという感じで踊るんですね。錦織さんは上の意識もありつつ、重心が低いので、きれいな姿勢を保ちながら腰を落として踊っている。その意味ではおふたりはタイプが違いますよね。

植草さんはもっとも普通です。でも、そういう人がいないとチームはうまくいかないので、実は一番欠かせないのは植草さんだと思うんです。

――3人のバランスですね。

はい。ここでいう普通とはチーム内の色や形、匂いみたいなものを指します。ちょうど真ん中の位置を担っている感じですね。ダンスのスタイルもほかのふたりのような派手なタイプではなく、渋く技巧派なところがいいですよね。踊りのスタイルだけを見ても、3人の持ち味を計算し尽くして組まれたチームなんじゃないかと思うぐらい完璧です。タイプの違う錦織さんと東山さんがいて、もうひとりがまた派手なダンスを踊る人だと、パフォーマンスがケンカしちゃうと思うんです。真ん中に植草さんがいることによってうまくつながって、ユニットとして成立しているんだな、と。

3人って絶妙な編成で、個々がしっかり強くないと成立しないんです。4人だと補い合いながらやれるんですけど。センターがいるから主役をふたりが引き立てる構図になりますよね。ただし主役が交替しても成立しないとダメなので、必然的に3パターンの見せ方が必要になるんです。誰がセンターを務めても、そのときなりの違った色味を表現できるのが、少年隊さんの魅力だと思います。グループだけど個々の力で成り立つというのはトリオならではですね。

――さすが、面白い分析です。

僕も面白いなと思いながら見ました。すごいチームです、本当に。僕みたいにいっさい予備知識がない状態で見ても一瞬でわかっちゃうぐらい、めちゃくちゃ濃度の高いことをやっている。椅子にもたれた状態で見ていても全然、伝わってきます。プロだなって思います。

錦織さんの動きはレベチ。人智を超えています

――彼らにダンスレッスンと振付をしていたボビー吉野さんに聞いたんですが、結成からデビューまでに4~5年かけて徹底的に鍛えているんですよね。ニューヨークでマイケル・ピータースのレッスンを受けさせたり、ブロードウェイのミュージカルを見せたり、来日したダンサーを呼んで教えてもらったり、海外の映像資料を見せたり。

なるほど。当時としてはめちゃくちゃ恵まれていたんですね。なんであんなにうまいのか納得しました。

――ボビーさんはソウルダンスからスタートしているそうですが、聞くところによると、そこにあとからジャズダンスやバレエの動きを入れることはできても、その逆は難しいらしいですね。

難しいです。リズム解釈の問題もあるし、クラシックなスタイルでは姿勢をめちゃくちゃ矯正するので、クセが抜けなくなっちゃうんですよ。ストリートダンスに重要な、関節を柔らかくして体を丸めて揺らすということがなかなかできない。事情は今もあんまり変わりませんね。バレエ出身の方、ジャズ出身の方は体のラインで踊ろうとするし、重心も上なんです。

――今のお話を当てはめると、ヒガシさんは上寄りですよね。ニシキさんは低いほう？

どっちもできるタイプですね。どっちもできる人は本当に少ないです、今でも。僕が錦織さんを見て思い出したのはNCTのテンくんです。今、K-POP界で一番すごい踊りができる方だと

思っています。重心高めと低めの踊り方を自在に行ったり来たりできるんですけど、その体の使い方は錦織さんとすごく似ていますね。

あとASTROのラキ（ROCKY）くんもそうですね。ラキくんはバレエ出身なんですけど、とにかく足のスタンスが広い。重心を落として踊るのがうまいんですけど、同時に上にも伸ばせるんですよ。ヒップホップをやっていると、下は低く入れても、上への意識があまりない人が多いんですけど、彼は両方できるので、エリアが広くてダイナミックで伸びやかなんです。そこが錦織さんと通じますね。ジャズや舞踊系のダンスからヒップホップまで、それぞれまったく違った雰囲気を出せる。こういう人は今でもほとんどいません。

――30年以上前にそういう人がいたってすごいですね。

そうなんですよ。30年以上前にそれをやっていた人がいるのがすごくて、なんでだろうとしか言いようがないです（笑）。天才肌ってさっき言ったのは、本番であんなにいきいきと踊れるのは「楽しい」っていう気持ちがないとできないことだからです。東山さんはどっちかっていうと真面目なんですよ。植草さんも真面目。錦織さんだけ常に何かしら遊んでいるんですよね。2回と同じステージはないんだろうなっていう感じ。東山さんは逆で、何回でも同じきれいな動きを見せられる人。誰が優れているとかではなく、3人それぞれ全然違うタイプなんです。

――ほかに気になった踊りはありましたか？

「君だけに」もやばかったです。最後、全員がマイクスタンドを傾けてしがみつくみたいに情熱的に歌って、そこからゆっくりスタンドを立てていくんですけど、体勢を立て直す一瞬に錦織さんだけ脚をシャシャッと速く動かして、軽くかっこつけるんですよ。こういうことができるのはすごい。しかも、音に合わせて動かすならまだわかるんですけど、音無視で自分のなかの動きとしてやっているんです。これがまたやばいんですよね。たぶん無意識で出ちゃっているだけ。「出ちゃっている」っていうのが一番やばいです。人智を超えた領域です。

――人智を超えていますか！

あと「デカメロン伝説」とかがわかりやすいんですけど、常に足首を爪先まで伸ばしているんですよ。普通は90度に曲げているものをまっすぐ伸ばして、ピタッと床につけて、起き上がるときはスーッと柔らかく地面をすりながら引きつけていくんです。これはバレエダンサーの方がよくやる足首の使い方で、足が長く見える効果もありますし、より低い位置をとれるんです。

やってみるとわかるんですが、これはけっこうきついですよ。ターンするときもずっと爪先が伸びている。手も足もすごく遠くに飛ばしているから、近くでまわるよりも長く見えるんです。それをめちゃくちゃ徹底してやっている。これもおそらく意識はしていなくて、バレエの基礎がないとできない動きです。振付通りに踊るだけじゃないんですよね。

――そういう細かいところは素人にはわからないので、勉強になります。

あと「ＡＢＣ」もやばかったです。♪最初の日が大事なのさ、のときに植草さんがセンターで時計の針みたいな動きをするじゃないですか。ここで頭の動きでリズムをとっているんです。何気なくやっていますけど、これもアイドルの人は普通あまりできないんです。ンッツ、ンッツ、ンッツ、ンッツ、って「One and two and three and」の「and」でカウントをとる、ちょっとソウルっぽいフィーリング。しかも歌いながらですから。そもそも少年隊さんって全部、生歌ですよね。あの運動量でこの歌を歌えているのもとんでもないです。このクオリティで生パフォーマンスできるグループは今もいないんじゃないですかね。だから植草さんもすごいんですよ、やっぱり。隣がバケモノだから普通に見えるだけで。

「ダイヤモンド・アイズ」もやばいですね。振付師が鬼だなって思いました（笑）。

――振付はマイケル・ピータース。足が動きっぱなしで、かかとを地につけて踏ん張る瞬間が極度に少ないですね。

サビ終わりの間奏の錦織さんの重心の低さとノリは、もう完全にレベチです。これはプロのダンサーでしか見たことないというか、プロのダンサーでもここまで動ける人は少ないんじゃないかなって思うぐらいですね。家でごはん食べながら見ていたんですけど、箸が止まりました。ここはダンサー必見ポイントだと思います。サビの♪ダイヤモンドの瞳で、のところの、さっき言った首の動きもすごい。錦織さんのグルーヴは完全にファンクですね。

アイドルの教科書がもしあれば絶対に載せるべき

――私たちは漠然と「うまいなぁ、すごいなぁ」って見ていましたが、見る人が見たらわかるんですね。

一瞬ですね。2秒あればわかります。体でやることなので、ごまかしようがないんですよ。特に錦織さんは、今の人たちとくらべてもうまいです。環境が違うので、今の人のほうがうまくて当然なんですよ。なのに30年以上前の錦織さんのほうがうまいっていうのはやばいです。

フィジカルもすごく優れているんでしょうね。関節もすごく柔らかいし。胴を反らせたときの胸とお腹が、硬い人だと板みたいになるんですけど、柔らかい人は2分割できるんですよ。1（腹）、2（胸）、首から上が3、の3つに曲げられる。この柔軟性があって、下に低くもとれて、手足も伸ばせるってなると、常に伸縮性をもって踊れるので、前後も左右も上下もダイナミックに使えて、厚みがあってパワフルな踊りができるんです。

東山さんは上に意識があってラインがきれい、とさっき言いましたけど、だから清潔感がすごいんですよ。あとバック宙の高さは体操選手並みですね。足を高く上げてカッカッと振ったりするマイケルっぽい動きも含めて、本場のミュージカルの影響を着実に自分のものにして再現できる方なんだろうなと思いました。宝塚が好きな人とか、エンターテインメントに楽しさよりも美しさを求める人には、あの完璧なスタイルも含めてめちゃくちゃ刺さるでしょう。

植草さんはバランスがよくて、見ていて安心するんですよね。親しみやすさという部分ですごく貢献度が高いと思います。ダンス武闘派集団みたいなチームだと、近寄りがたい雰囲気になっちゃうじゃないですか。

何でもそうですけど、なんだかんだでやっぱり人間性が大事なんですよね。キャラクターの濃さとか人柄で見る人を惹きつけて、パフォーマンスでさらに魅了していく。その要素が揃った3人だと思います。錦織さんがふざけて、植草さんがケラケラ笑って、東山さんはいつもスッとしていて。その絶妙のバランスで、見る人たちがハッピーになれるんですよね。

——令和に見ても学べるものがありますか？

むしろ令和だから見たほうがいいかもしれないです。原点というか、エンターテインメントとしてダンスをするってどういうことなんだろう、という問いに対するすべての回答がつまっていると思うので。今あるダンスパフォーマンスをこういう人たちが作ってきたという歴史を学んで理解することは大事だなと思いますし、アイドルの教科書がもしあれば絶対に載せるべきです。僕自身、めちゃくちゃ勉強になりましたし、めちゃくちゃ影響を受けました。

個人的にはこの時代のイケイケな雰囲気もすごく楽しかったです。ステージのセットにもお金がかかっているし、司会者の方とのやりとりも明るくてね。昔は昔の大変さがあったと思うんですけど、まだ今より心身ともに健康であれたんじゃないかと。ネットの誹謗中傷やアーティストのメンタルヘルスが問題になる今のほうが難しいところもあると思います。

——80年代は日本全体が浮ついていましたからね。

僕もそうなんですけど、バブル崩壊以降に生まれた世代って、基本的に見通しが明るくないんですよ。将来が楽しみっていう感覚がなくて、不安のほうが大きい。だからどんなに明るく振る舞ってもどこか皮肉っぽくなるし、この時代に表現をしようと思ったら、どうしてもマイナスの要素を取り入れざるをえない。そういった難しさはあると思うんです。少年隊さんの底抜けに明るい熱気みたいなものって、ご本人たちはもちろん、ファンの人たちからメディアの人たち、視聴者まで、みんなが作っていたものだと思いますね。

あらた

YouTuber、ダンサー、振付師、演出家、脚本家。K-POPやJ-POPのダンスをわかりやすく解説するYouTubeチャンネル「ARATA DANCE SCHOOL」は登録者22万人以上。関ジャニ∞「がむしゃら行進曲」、水樹奈々「Angel Blossom」、SexyZone「男 never give up」などのMV、「Dr.経費精算」やヘパリーゼWなどのCMにも出演。

2021年の今
僕が少年隊沼に
落ちた理由

**一刻も早く公式に
アーカイブ動画を公開して
世界の人に見てもらいたい！
音源も映像もプレイリストを
僕に作らせてほしい**

ダイノジ
大谷ノブ彦

ダイノジのふたりが古今東西の音楽を縦横無尽に語りまくるYouTube番組「ダイノジ中学校」で少年隊を取り上げたのは2021年7月。何の気なしにメドレーの動画を再生して度肝を抜かれたという大谷さんに、最近〝少年隊沼〟に落ちた新規ファンの代表として、少年隊のすごさを語ってもらった。

――大谷さんが沼に落ちた経緯は「ダイノジ中学校」でも語っていらっしゃいますが、あらためてお聞かせいただけますか？

コロナ禍でYouTubeを見る機会がすごく増えたんですね。それであるとき、おすすめか何かで出てきた動画を「あぁ、『ＡＢＣ』っていい曲だったよな」と思って何も考えずにクリックして、びっくりしちゃいました。

「ＡＢＣ」はもともと筒美京平さんの流れで聴いていたし、尊敬する西寺郷太くんも「地球で一番いい曲」みたいに言っているし、嵐の「a Day in Our Life」のサンプリングネタでもあり、ジャニーズ史のなかですごく大事な曲なんだなと思ってはいましたけど、これまではどちらかというとパフォーマンスよりも楽曲として認識していたんです。

――ご覧になっていかがでしたか？

いやもう、とにかく衝撃的でした。日本のアイドルって、未熟なものを愛でるみたいな独特の文化があるじゃないですか。宇多丸さんがアイドルについて「魅力が実力を凌駕している存在」「足りない部分をファンが応援で埋める」みたいに言っていましたけど、それってこの国の主流の美意識でもあるんだろうなと思ってきました。

特に少年隊がデビューした１９８５年って、秋元康さんが素人っぽさの究極のようなおニャン子クラブや、ウルトラマンが自分で「背中にチャックあります」って言うみたいな、「なんてったってアイドル」（小泉今日子）で仕掛けまくっていた時代じゃないですか。当時はそれがカウンターだったわけですけど、自分は思春期だったので、少年隊も当たり前のようにテレビで見ていたのに、そのスキルの高さに気づけなかったんです。

――よくわかります。

ところが、三十数年後の今あらためて見て、ダンスもすごいし、生歌なのに全然息が切れていないし、「K-POPよりすげえのいたじゃん!」みたいな。そもそもジャニーズ事務所って、ジャニー喜多川さんが少年野球チームを作って、そのメンバーと『ウエスト・サイド物語』を観たところから始まっているから、要はミュージカルを作るために立ち上げたようなものじゃないですか。舞台が一番大切なんですよね。それは吉本興業も同じだと思うんですけど、少年隊というのはジャニーさんの理想を具現化した完璧な3人だったんだ、と初めて気づきました。

――その感慨を大谷さんがツイッターでつぶやかれたとき、少年隊ファンが「見つけてくれた!」みたいに喜んでいました。

予想もしていなかったんですけど、反応がすごくてびっくりしました。最初は錦織さんの身体能力とパフォーマンスに夢中だったんですけど、植草さんのファンの方が「歌が大事なんですよ」とやさしく諭してくれて「すみません」みたいな(笑)。3人それぞれに熱狂的なファンがたくさんいらっしゃること、それにはじめは僕と同世代もしくは年上の方が多かったんですけど、途中から10代の子がめっちゃメッセージをくれるようになったことも印象的でしたね。「私も今年からファンになりました」とか。みんなYouTubeがきっかけです。

――若いファンからDMをたくさんもらったとおっしゃっていましたね。

Snow Man経由で少年隊を知った人もいました。さっきの嵐の話じゃないけど、少年隊が作り上げたものが脈々と後輩たちに受け継がれているんですよね。僕はSMAPと同世代だから、彼らがジャニーズを見るときの基準になっちゃうんですけど、彼らってジャニーズに対するカウンターだったんですよね。技術がめちゃくちゃ高いわけじゃないけど、すごい大衆性があって、国民的アイドルまで駆け上がっていった。でも、あれはあくまで例外的なケースで、本来ジャニーズがやりたかったのは少年隊の3人だったんだなと。それを今は違法とはいえ動画で確認することができて、ハッとする人が増えていることに、違うカルチャーを感じました。

そういう意味ではにわかファンもいいところなんで、こんなところに出てくるのが申し訳ないです（笑）。郷太くんやヒャダインさんじゃなくていいんですかって感じで。

——いえいえ、ファンは喜ぶと思います。

CDも映像作品もほとんど廃盤だっていうのも衝撃的でした。『PLAYZONE』も後期のものしかDVDになっていないし。全盛期のやつを見たいのに全然見られない、マルクス兄弟やエノケンみたいですよね（笑）。僕がジャニーズの社員だったら、全部サブスクに上げちゃいますし、YouTubeの公式チャンネルも作りますよ。「夜のヒットスタジオ」の映像なんてDVDにしてほしいですけどね。

——実際にファンの方たちは「夜のヒットスタジオ」のDVD化をフジテレビにリクエストしているようです。

そうだ、思い出した。少年隊を意識するようになったきっかけが1年半ぐらい前にあったんですよ。BOYS AND MENの事務所の谷口（誠治）社長から聞いた話でした。彼は元プロのローラースケーターで、昔ジャニーズに出入りしていたことがあって、錦織さんと仲がいいんですよ。「錦織はしゃべりがうまい」「あいつは面白い」っておっしゃっていたので、錦織さんのMCを集めた動画みたいなのを見ていたんです。堺正章さんとか井上順さんにも通じる、東京のコメディアンの飄々とした感じがあっていいんですよね。

——洒脱でちょっとシャイな感じですね。

そう。あるんですよ。のちのちわかったんですけど、少年隊って（出身地が）東京、神奈川、千葉なんですよね。ポップスの地方性ってたまに考えるんですけど、吉田美和が札幌じゃなくて十勝とか、ユーミンが八王子とか、桑田佳祐が茅ヶ崎とか。バリバリの都会っ子よりも、ちょっと距離がある人が都市を描いたほうが大衆性がある気がするんですけど、少年隊にもそれに通じる構図があると思うんですよ。ヒガシさんって神奈川っぽいし、植草さんは千葉っぽいし、錦織さんは東京の、それも下町の感じがある。

むりやりオチにいくんじゃなくて、ずっとツレ～ッと言っている感じが、ちょっと堺正章さんっぽいんですよね、僕のなかでは。ラジオの帯番組とかできるじゃん、聴いてみたいなって思っていました。でも当時は演出一本だったから、メディアで触れる方法がなかったんですよ。そんなこともあって、おすすめに出てきたときにふわっと再生しちゃったのかなと思います。

大衆歌謡とは異なる少年隊楽曲の魅力について

——なんでもファンの方にすすめられてアルバム『Prism』を購入されたとか。

買っちゃいましたね。完成度の高いアルバムだと思いました。名曲と言われる「The longest night」もいいし、僕が一番好きなのは、1曲目の「Act-Show」っていう、スペクトラムのカバーです。あれで始まって山下達郎さんの「湾岸スキーヤー」で終わるのもいいし、全体にすごくエロティックというか、セクシーなアルバムですよね。

ジャニーさんは「セクシー」ということをすごく大事にされていて、口癖みたいに言っていたらしいですね。SMAPにしても、90年代の前半に林田健司さんの「$10」をカバーしたことで潜在的な魅力がワーッて出たと思うんですよ。あれって金と女性の歌なんで。このアルバムにもアダルトなナンバーが並んでいるのが印象的でした。

あと、錦織さんご自身が詞を書いている「見れば見るほど…」もよかったです。これはファンの方が教えてくれたんですけど、サビのメロディが「ミレドミレドド」だから、そこに「見れば見るほど」をあてたらしいですね。錦織さんって「仮面舞踏会」の♪Tonight ya ya ya ya ya tearを作った人だし、「デカメロン伝説」の「ワカチコ!」も含めて、音楽に対してすごく意図的というか自覚的なんですよ。それは演出家としての才能もあるだろうし、快楽原則がちゃんとリズムにある。それもある意味、体幹がしっかりしていることに通じるんですよね。好きなのはロックらしいですけど、ひとたび踊るとこれ全身バネ、みたいな。

——踊るために生まれてきたような人ですよね。

アジアの人たちにも見せたらみんな心奪われると思いますよ。僕自身、大好きになった曲はだいたいパフォーマンス込みだし。「バラードのように眠れ」とか、えぐいですよね。回転の速さ、どうかしていますよね。ターンが速すぎてCGかと思いました（笑）。人類の速さじゃないと思いますよ。あれができるのはマイケル・ジャクソンと錦織一清ぐらいじゃないですか。

植草さんがふたりに追いついていない、みたいなことを言うやつもいますけど、全然そんなことないですよね。ただ、錦織さんが異次元でヒガシさんも圧倒的っていうだけの話で、カッちゃんもすごいんですよ。3人のバランスがすごくいい。

「情熱の一夜」も大好きですね。これが出た1999年って、元ジャニーズの郷ひろみさんがリッキー・マーティンのカバーの「GOLDFINGER '99」を大ヒットさせているんですけど、同じラテンモチーフってことで比較すると、少年隊の曲はこれにかぎらず、舞台でやることを想定しているのか何なのか、展開が速くて手数が多いんですよ。そこに大衆性のあるポップスとの乖離を感じるというか。♪アーッチーッチーのほうが断然わかりやすいじゃないですか。少年隊も「仮面舞踏会」ではそれをやっていたと思うんですけど、1999年当時はあくまで舞台の上を居場所としていたからこそ、展開の速さとか転調とか、意図的に変化を盛り込んでいたのかなと、ちょっと思っちゃいました。

――「情熱の一夜」は『PLAYZONE 1999 Goodbye & Hello』のオープニング曲でした。

あー、だからですか。僕は２００８～２００９年にＤＪを始めたんですけど、当時ってＪ－ＰＯＰの曲がＢＰＭも転調も展開もどんどん速くなっていた時期なんですよ。たぶんネット上に音楽を上げることが一般化していく時代で、途中で飽きられて停止ボタンを押されないための方策だと思うんですけど。今の若い子はそれを聴き慣れているから、むしろ少年隊のトゥーマッチさを普通に受け入れそうというか、今の子たちにすごく聴いてもらいたいですね。

だから「ダイヤモンド・アイズ」とか、当時ヒットしなかったのはわかるんです。サビが強い大衆性のあるポップソングではないから。でも今聴くと、スルメみたいに何回も聴けるし、僕は好きですね。パフォーマンスもユーモラスというか、派手な動きはないけど、あの足がずっとグニャグニャ動いているのなんて、人類の動きじゃないですよね（笑）。

でも売れなかったから、もう一回、筒美京平さんにお願いしようということで「バラードのように眠れ」「STRIPE BLUE」があって、次は植草さん推しでやってみたのが「君だけに」なのかなって。あれはポップス的にわかりやすいし、かつミュージカルのなかでも映えそうじゃないですか。少年隊のやりたいことと大衆性が合致したのがあの曲なのかな、と思いました。でも、俺はやっぱり「情熱の一夜」みたいに、ちょっと報われないけど今見てもかっこいい、みたいな曲が好きですかね。

――かっこいい曲なのに、わかりにくいんですかね……。

それが舞台とテレビ、歌謡曲の差なのかなとも思います。ある種のノベルティ感がないと大衆まで届かない時代でもあったという。そういう意味では「仮面舞踏会」って全部揃っているんですよね。全盛期の筒美さんが全神経を集中させたような曲ですし。

「What's your name?」も大好きで、後期の作品もたまんないんですけど、やっぱり「ABC」は別格です。日本歌謡史に残る曲ですよ。DJで普通に今の流行りの曲のなかに混ぜても全然いけます。ポップでキャッチーで親しみやすいけど、すっごいスキルで唸らせるものがあって、少年隊そのものみたいな曲です。さっきも言いましたけど、「夜のヒットスタジオ」のパフォーマンスは見てほしいですね。全部アーカイブ化してほしい。

だいたいのことは少年隊がすでにやっていたんじゃないか

——いつでも見られるようにしてもらいたいですよね、切実に。

今日もここに来る前に「あ、これ見てなかった」と思って「ONE STEP BEYOND」を見てきたんですけど、いやもう、本当にびっくりしました。まず、あの複雑な振付を覚えられるんだ、みたいな（笑）。で、マイケル・ピータースが途中で出てきて一緒に踊るじゃないですか。憎いのは、マイケルの見せ場では3人がちょっと引いて抑えめに動くんですけど、マイケルがはけたあとの踊りが半端ないんですよ。アクロバットとしてもすごいし、変則的なジャズっぽい動きが入ってくる。とんでもないです。

――「ダイノジ中学校」でジャニーズの系譜のなかで少年隊を評価されていたのが面白かったです。

K-POPってどう見てもジャニーズを踏襲していますよね。楽曲の作り方もJ-POPだし。ワールドワイドに展開させるときにサビをリフだけにして、歌じゃなくダンスを見せるという、EDMとJ-POPを足したみたいな作りにして、アメリカを中心とした西洋の人たちに認められた。ジャニーズはそのトレンドを尻目にかたくなに歌メロにこだわって、しかもユニゾンでやっているわけですけど、Snow Manを見たときに、K-POPの影響を受けとめてまた違うものを作っている印象を受けたんです。

ダンスのクオリティはもっと上げられるはずなのに、あえてまねしやすい動きを入れることで、アイドルらしい親しみやすさ、本格的すぎない塩梅を打ち出している。でも、それって実は少年隊が全部やっていたよな、と思って。ものすごいパフォーマンスの合間に「あれ？　簡単そうじゃん」みたいな動きを入れていた。今も受け継がれているジャニーズのスタイルってだいたい少年隊がすでに作っていたんじゃないか、とはついつい考えちゃいますね。例えば僕らが「いいコントできた」とか「いいボケできた」と思うようなことはすでにダウンタウンさんがやっていて、今の芸人はそのまわりをグルグルまわっているだけ、みたいな（笑）。

――あー、そうなんですね。

ただ、それはあくまで構造としての話であって、そこに体力とかフレッシュな若さとか、まだ何かを悟っていないからこその輝きみたいなものが加わると、絶対に新しいものになる。そういうことが今も現在進行形で起こっているんだなってことはすっげー思います。だからこそ、僕は今、K-POPとか世界のボーイズグループに夢中な人に少年隊を見てもらいたいし。あの衣装も含めて。「ABC」の衣装なんて、どこか知らない国の音楽みたいな感じで、海外の人も面白がってくれそうな気がするんですけどね。

「ABC」のイントロで、スーッて横に動くじゃないですか。あれ、何なんですかね？（笑）どうやったら人ってそんなことできるんですかって。1番を歌ってダンスブレイクでソロをとって、歌に戻ったらまったく息が切れていない。編集したみたいなんですよ。半端ないですよね。そういうことも踏まえて見てほしいし、誰よりも僕自身が3人のパフォーマンスをもっと見てみたいです。もちろん今の3人のステージも見たいなあ。

――若い頃にバリバリ踊っていた人って、歳をとって昔みたいには動けなくなっても、チョロッと軽く動いただけで死ぬほどかっこいいですよね。

そうなんですよ。ちょっと色っぽい感じで、師匠の漫才と一緒です。キレは悪いし、スピードも遅いんだけど、クソおもろいんですよね。

面白い話があって、少し前に仕事で京都に行ったとき昼飯を食っていたら、横に座っていた55〜56歳ぐらいのちょっと強面のおじさんが、ずーっと僕をにらんでいるんですよ。おっかなかったんで目を合わせないで食べていたら、話しかけられたんです。「うわっ、俺こういう人苦手なんだ」と思ったら、「少年隊のYouTube見ました」って（笑）。「えっ、そっち？」と思って話を聞いたら、その人、京都で少年隊のコピーをやっていたんですって。

――えーっ！

少年隊が好きすぎて、3人でコピーユニットを組んで、衣装も全部作って、自分でチケットを売ってホールに1500人も集めたんですって。当時、京都ではみんな知っていたらしいです。

――1500人はすごい。

最初「取り上げてくれてありがとうございます」って言われて、「好きなんですか？」って聞いたら「コピーやってたんです」「え？　コピーって何ですか」みたいに、ずっとその人の話を聞きながら飯を食いました。「今は体を壊して踊れないんですけど、一生ファンです」と言っていて、なおのこと少年隊のすごさを強く認識しました。コピーユニットで1500人も集めるって半端ないじゃないですか（笑）。

――たしかにあの時代、踊りが好きな子たちが興味を持てるユニットってジャニーズぐらいしかなかったような気もしますね。

男の子みんながみんなではないと思うけど、言われてみれば僕の中学の野球部にも2～3人、熱狂的に好きな子がいたんですよ。僕は「男でジャニーズが好きなんて、何がいいかわかんねえよ」みたいなことを言っていましたけど。同世代のSMAPに対しても、途中までは「お笑いなんかやんなよ」とか言っていましたしね。そういう人たちにも見てもらいたいな。

3人に会ったら「すごさを自覚してください」と言いたい

――「ダイノジ中学校」に錦織さんを呼びたいっておっしゃっていましたけど、「ニッキとかっちゃんねる」も始まりましたし、そのうちコラボできそうじゃないですか？

緊張しますね。あのあと郷太くんに連絡したら、「錦織さんが近くにいる」って言われて、「今日、少年隊のことしゃべりましたよ」と言ったら、あとでまた連絡がきて「一緒に見てる」って。あと、俺のツイートもチェックしてくれていたらしいです。

――近く叶うことを願っています。メンバーひとりずつ、会う機会があったら聞いてみたい、言いたいことってありますか？

これまで魅力に気づいていなかったことをまず3人に謝罪したいですね。そのうえで、あのすばらしい楽曲とパフォーマンスを今の子たちに公式という形で見せることをご提案したいです。今、80年代のシティポップが聴かれているみたいに、世界中の人に少年隊のすごさを知ってもらいたい。

錦織さんにお聞きしたいのは、ほめられるのが苦手とおっしゃっていましたけど、YouTubeでも錦織さんのファンの方ってめちゃくちゃアツいんですよ。ああいったコメントをどう思っていらっしゃるのかなっていうことと、あとは「朝か昼の帯のラジオやったらどうですか？」っていう(笑)。それから、演出家としてジャニーズの若手グループにどんな感想をお持ちかは聞いてみたいですね。本当は錦織さんがプロデュースするグループを見てみたかったですけど。

――それは見たかったですね。

ヒガシさんは、今は事務所の中枢にいらっしゃるので、一刻も早く僕を臨時社員で雇ってほしいです（笑）。「Sexy Zoneは絶対に世界にいけると思います！」みたいな話をしたいなと。

あとは、そうですね、答えづらいかもしれないですけど、少年隊に最後のピースとして入った当時の率直な気持ちも聞いてみたいです。あの人のストイックさって、錦織一清という完璧なパフォーマーに追いつくためのものでもあったんじゃないかと思うんです。

僕はお笑い芸人だから――そこはお笑い芸人のダメなところだとも思うし、一方で自分はそれをちゃんとやらなきゃいけないなとも思うんだけど――森光子さんのことなどを面白がって、いじってきましたけど、そういうことをどう思っていたのかも聞いてみたいです。ヒガシさんはそのあいだもずっと黙々と己を磨いてきた人で、その強さにハッとさせられるからこそね。そこをインタビューで聞いた人もあんまりいなさそうなので。

――いないでしょうし、ご本人も言わなさそうですけど……。

植草さんは、とにかくディナーショーを見てみたいですね。生歌を聴きたい。

――私、拝見しました。7～8曲歌ってあとはトークかなと予想していたら、ランチタイムショーでも20曲以上歌って。それもガッツリ踊って、です。感動しました。

すごい。3人ともプロフェッショナルですね。植草さんにはまず歌に対するこだわりを聞きたいです。カバーアルバムとかすごくいいと思うなあ。横からうるさいようですけど、「プロデュースさせてください」みたいな。ご本人たちは真面目な方々でしょうから遠慮されるでしょうけど、めちゃくちゃニーズありますよ。

あと、3人に共通して言いたいのは、もちろん自信はおありなんでしょうけど、「あなた方が思ってる以上に少年隊はすごいから、もう少し自覚してください」っていうことです（笑）。「みんなを少年隊の世界に連れていくことを、もっとファンと一緒に考えてもいいんじゃないですか？」って。だってファンのみなさんはずっと待っていたわけじゃないですか。それで僕は音源でも映像でもプレイリストを作りたいです。アーカイブ音源と映像を全部聴いて見て、「これだ！」っていうのを集めて、ベスト・オブ・少年隊を作ってみたい。任せてくれないかな。

おおたに・のぶひこ

1972年山口県生まれ、大分県佐伯市育ち。明治大学卒業後、1994年に中学の同級生、大地洋輔と現在のお笑いコンビ、ダイノジを結成。2005年、「DJダイノジ」としても活動を開始。邦洋問わず音楽だけでなく映画などのサブカルチャーへの造詣も深く、立命館アジア太平洋大学で非常勤講師を務めるなど幅広く活動している。

第5章

《保存版》全シングル・アルバム批評

作家でたどる少年隊ミュージック

ジャニーズポップスの“王道”の継承者でありダンスと音楽を完璧に融合させたエンターテイナーとして

音楽ライター
馬飼野元宏

少年隊は日本のアイドル史上屈指の3人であると同時に、歌謡曲／J-POP史に残る優れたミュージック&ダンスグループでもあった。1962年の設立から60年、ダンスにこだわり続けてきたジャニーズポップスの系譜に占める少年隊の位置づけを、起用作家を軸に振り返る。

一貫してダンスミュージックだったジャニーズ音楽

ジャニーズポップスはダンスミュージックと不可分の関係にある。それは歴代ジャニーズアイドルの作家陣の起用を見てもよくわかる。

1964年にデビューした初代ジャニーズでは、ジャニーズポップスの原点「太陽のあいつ」や

「君が若者なら」を書いたいずみたくの存在が大きい。「恋の季節」や「見上げてごらん夜の星を」の作曲者で、和製ミュージカルの制作も数多く手がけている。「見上げてごらん～」はミュージカル作品でもあり、のちにフォーリーブスが演じたこともあった。「前向きな青春」と「傷つきやすい少年像」といったジャニーズポップスの基本コンセプトは、初期ジャニーズのいずみ作品が源流と言っていいだろう。もちろんミュージカル制作者でもあるため、歌とダンスというエンターテインメント表現にも長けていた。

その後のフォーリーブス、ジューク・ボックスら60年代後半～70年代初頭のグループに多数楽曲提供しているのは鈴木邦彦。黛ジュン「恋のハレルヤ」で日本に〝バンドサウンドによる新しい歌謡曲〟の形を導入し、グループサウンズ作品で幾多の傑作を放った作曲家である。１９７４年のＪＯＨＮＮＹ'Sジュニア・スペシャル（ＪＪＳ）のデビュー曲「ベルサイユのばら」も鈴木作品。フォーリーブスはほかにもドファンキーなソウル「夏のふれあい」を提供した筒美京平、「急げ！若者」「ヘイベイビー」「ブルドッグ」といった彼ら独特のダンスナンバーを広く手がけた都倉俊一など、やはり時代の「歌って踊れるポップス」を書ける作家陣を多く起用している。日本のポップスにグルーヴ感を導入したのが鈴木と筒美で、ビート感を強調したのが都倉なのである。

筒美京平は郷ひろみを１９７２年のデビュー以来継続して手がけ、ことに「小さな体験」「君は特別」などでソウル色の強いバブルガムポップスを展開し、新たなダンスナンバーの地平を広げていった。筒美と都倉は１９７７年デビューの川﨑麻世にもロックテイストの楽曲を提供し、さらに筒美は1980年デビューの近藤真彦をデビューから継続して手がけたほか、田原俊彦に「君に薔薇薔薇…という感じ」「原宿キッス」など、より強力なダンスチューンを提供、歌って踊れるジャニーズアイドルの可能性を押し広げた。前者はジャム&ルイスやテディー・ライリーらが80年代半ば頃から展開したニュージャックスウィングの先取りともいえるフィーリングを持つ。

このようにジャニーズポップスは、その時期のトレンドをキャッチできる作曲家と組み、ダンスミュージックの進化に歩調を合わせて先進的な楽曲を送り出してきた歴史がある。

筒美京平、船山基紀、馬飼野康二の必殺ヒット術

そして1985年、少年隊の「仮面舞踏会」の登場である。作曲は筒美京平。当初は大サビのパートは存在していなかったそうで、当初の筒美の曲に対し、もうひと押しをジャニー喜多川が要求し、急遽大サビを付け足したという。

「仮面舞踏会」の筒美メロディを聴くと、楽曲のベースはトム・ジョーンズの1969年のヒット曲「ラヴ・ミー・トゥナイト」にある。数年後に田原俊彦の起死回生の一曲「抱きしめてTONIGHT」でも応用されており、ここぞというときの筒美の必殺技のひとつ。日本人に好まれるタイプの洋楽を、歌謡曲へ換骨奪胎する筒美の大技が炸裂しているうえ、派手に盛りまくった船山基紀の編曲効果もあいまって、見事デビュー大ヒットとなった。

初期2作は練りまくった楽曲と少年らしいハッチャケたにぎやかさがあったが、4作目「バラー

ドのように眠れ」と次の「STRIPE BLUE」では筒美が得意のディスコミュージックを全面的に展開。この2作はこれでもかとメロディをぶち込む作り方ではなく、流麗でスマートな和製ディスコとなっている。また、「バラードのように眠れ」以降、3作続けて編曲に馬飼野康二が起用されているが、「バラード〜」の終盤のキメの作り方などは、たしかに馬飼野アレンジならではの派手さとダイナミックさである。船山、馬飼野ともに、ジャニーズポップスの流儀を備えた、現在までジャニーズの一線で活躍する音楽家であるが、彼らの技量が本格化したのが少年隊の初期作品なのだ。

また、〝踊る音楽〟である少年隊の作品には欠かせない作編曲家として馬飼野康二と船山基紀がいる。馬飼野は70年代に和田アキ子や西城秀樹の作編曲でブラスロックやソウルミュージックを歌謡曲に持ち込み、船山は80年代にフェアライトCMIを導入し、打ち込みのデジタルサウンドをアイドル歌謡に導入していった。作風が派手なことも共通しており、少年隊以降も、嵐やSexy Zone、King & Princeなどの作品（ことにデビュー作）に頻繁に起用されていくが、それは彼らがジャニーズ音楽の根幹を熟知しているゆえのことなのだ。もうひとり、服部克久もオーケストレーションによるゴージャスな編曲で、少年隊のショービズ的な世界観には欠かせない音楽家であった。トレンドとスタンダード、この両極を押さえていたのが少年隊の音楽で、そこには的確な編曲家の仕事があった。

少年隊に提供してきた筒美流ダンスミュージックのなかでも、最高傑作と呼べるのが7作目の「ABC」。編曲の船山基紀が、打ち込みと生楽器を両方使った分厚いサウンドを構築し、完璧な和製ユーロビート歌謡を送り出した。作詞の松本隆も含め、同時期の中山美穂「WAKU WAKUさせて」と同じ布陣による作品だが、「ABC」は詞もメロもアレンジも、フックが多くインパクトもありアクが強いのに、全体としては際立って洗練された出来になっている。

また、1作前の「君だけに」は少年隊にとって初のスローナンバーだが、純正のバラードではなく、あくまで踊れることが前提にある。スローだがメロディの背後にはちゃんとビート感があるのだ。筒美はもともと純正の大バラードを書くことはないので、あくまでダンスを見せていく少年隊にはふさわしい作家であった。

宮下智のショービズ感、ソウルフルな山下達郎

この筒美作品をメインにした「ABC」までを少年隊の第1期とするなら、臨時発売の「LADY」を挟んで、9作目「SILENT DANCER」以降が第2期となる。この時期の作家陣では、まず14作目「まいったネ 今夜」を作詞・作曲した宮下智に注目したい。「ハッとして！Good」や「NINJIN娘」「チャールストンにはまだ早い」など、田原俊彦作品を手がけた作家だが、メロディとしては4ビートのスウィングや、ディスコとロックンロールの掛け合わせ、1920年代に流行したダンス「チャールストン」を用いるなどジャンル横断、オールドタイミーな音楽を現代的にアップデートしてしまう達人でもある。「まいったネ 今夜」も完璧なスウィングで、往年のハリウッドミュージカルのごときゴージャス感を彼らに植え付けることに成功している。この曲のダン

スはことにしなやかで美しく、ジャニー喜多川が目指した、アメリカのショービズ的な豪華さと華やかさが、ようやく日本のポップスで体現できた一作だった。

もうひとりは山下達郎。RCA時代に近藤真彦と同じディレクター、小杉理宇造が担当していたこともあるが、達郎の音楽性の重要なファクターのひとつに、ダンサブルなソウルミュージックがあるため、音楽的にもダンスを主体とするジャニーズとは親和性が高い。その明快な回答が16作目の「FUNKY FLUSHIN'」で、これは達郎が1979年に発売したアルバム『MOONGLOW』の収録曲のカバー。少年隊のリリースは1990年なので、発表から11年たっても古さを感じさせないソングライティングには驚かされる。しかも達郎得意のポリリズムパターンで作られ、編曲はジャニーズ音楽に長けた船山だが、コーラスアレンジのみ達郎が手がけた。この成功が21作目「湾岸スキーヤー」へとつながる。

さらには重厚なファンク「SILENT DANCER」や哀愁ソウル「Oh!!」など、少年隊が90年代以降のダンスミュージックのトレンドにも対応できるようになったのは、前述の作家陣のセンスと努力の賜物であり、またダンスを向上させつつ、ハーモニーの美しさ、歌唱力の上達に磨きをかけてきた少年隊3人のストイックなまでの勤勉さ、時代のトレンドを見抜くプロデューサー、ジャニー喜多川の手腕、さらに楽曲の巧みなディレクションによってアーティストとしての成長過程を丁寧に描いてきたディレクター鎌田俊哉の功績も大きい。「まいったネ 今夜」からの約5年間は、彼らがダンスミュージックの可能性を広げ、ジャンル横断しながら際立ったエンターテイナーに成長していった重要な時期でもあるのだ。

すでに大人だったアイドル

少年隊作品の作詞面についても言及しておきたい。男女を問わず、アイドルはどこかで必ず「大人の歌手」になる時期があるのだが、少年隊の場合はその契機となった曲が何であるのかが見えない。「この曲で大人に変わりました」というポイントが存在しないのだ。言い換えればナチュラルに少年から青年へ、そして大人の男性へと成長していったのである。それが可能だったのは、彼らの詞が最初から、背伸びしつつも大人の恋愛を歌ってきたからで、また、デリケートな形ではあるが、最初からセクシャルな表現を随所に取り入れているからだ。

「仮面舞踏会」の作詞はちあき哲也だが、相手の女性にプライドを棄てなと迫り、むきになっても心は裏腹、「こんなにも感じているじゃないか」とかなり具体的な表現に踏み込んでいる。前述の通り追加された大サビには「俺とX・T・C（エクスタシー）」という大胆なフレーズも登場し、少年アイドルグループのデビュー曲としては、かなり異例な表現なのだ。

次の「デカメロン伝説」は、冒頭の子供たちの♪ドレミラーミレド……の合唱や「ワカチコ」のフレーズで、オモシロ歌謡のように語られるが、タイトルはボッカチオの艶笑小説『デカメロン』に由来する。秋元康の「10日間だけじゃ語れやしない」というフレーズも、同小説の、男女計10人がひとり10話ずつ恋愛体験をユーモアとエロティシズムを交えて語っていくという内容からきている。だが、明るく楽しく歌われていることもあって、『デカメロン』を知らない10代の女性ファンには、艶っぽいと感じさせない内容になっている。松本隆作詞の「ABC」にしても、相手の女性は「恋は最初じゃないのに」と呟き、男性は「恋をしたら最初の日が大事なのさ」と返す。タイトルも含めて、エクスタシー表現の暗喩ともとれるのだ。

〝完璧な王子様〟という徹底した虚構性

少年隊がデビュー作から大人の男女関係を匂わせる詞を歌い、それが中心ファン層であるティーンの女性たちに受け入れられたのは、もともと彼らが「虚構の世界に生きる王子様たち」として登場してきたからである。少なくともシングル作で、彼らに歌詞上のリアリティは不要であった。松本隆が書いた「STRIPE BLUE」にしても、爽やかな夏のリゾート描写はまるで海外ロケのCMやイメージビデオを見ているかのようで、虚構性は徹底している。そうした作詞の方向性ゆえ、初のスロー曲「君だけに」のピュアな求愛表現も活きてくる。

この曲に代表されるように、少年隊の楽曲の多くは、常に男性が女性をエスコートする、きわめて紳士的で、女性を崇拝する歌詞になっている。大人の男としてのふるまいを、自然に身につけた者たちが歌う求愛で、それゆえに彼らはごく自然にティーンアイドルから大人のアーティストへの変貌を成功させた。「この曲で大人になりました」は必要なかったのだ。

「虚構性」という点では、エイジレスな、非現実を生きるエンターテイナーとしての魅力も発揮している。その代表格が童謡のみで構成されたアルバム『Magical 童謡 Tour』だ。それ以前には田原俊彦の「NINJIN娘」が子供番組「ひらけ！ポンキッキ」に起用されたり、さかのぼればフォーリーブスが「カリキュラマシーン」に出演したり、JJSが「おはよう！こどもショー」に出たりと、ジャニーズと子供向けの組み合わせは存在するが、まるごと1枚童謡だけを歌ったアルバムに説得力を持たせられたのは彼らだけで、このへんも徹底した虚構性のなせるわざといえるだろう。こういう発想は、むしろピンク・レディーのあり方に近いものがある。

ジャニーズ・ダンスヒストリーの継承者

デビューからほどなくして発表された、カセットテープのみの企画『BACKSTAGE PASS』も興味深い。同作では「太陽のあいつ」「地球はひとつ」「ハッとして！Good」「Zokkon命」など先輩ジャニーズアイドルたちの名曲群をメドレーで歌っており、「先輩のバックで踊り、やがてメインに立つ」というジャニーズ伝統のスタイルを音で継承した作品となっている。

同傾向の作品に後輩のTOKIOが2004年に発表した『TOKIO』があるが、TOKIOはバンドスタイルで振り返るジャニーズ史であり、少年隊の場合はジャニーズダンスナンバーの系譜をたどる内容なのだ。少年隊がジャニーズポップスの〝王道〟の継承者であり、ダンスと音楽を完璧に融合させたエンターテイナーとして育成された存在であることがよくわかる。

少年隊で唯一、惜しい点は、ガッチリとしたコンセプトアルバムの不在である。シングルでの音楽的成長過程をアルバムでも展開してほしかった、というのが正直なところ。ファーストの『翔SHONENTAI』や5周年で発表された『Heart to Heart』など秀作はあるが、アルバム同士に継続・連関するイメージがないのが悔やまれる。『PLAYZONE』のスタートで、途中からミュージカル音楽へと活動の主軸が移っていったため、「アルバムで聴く音楽」へと向かわなかったことはやむをえないが、シングルでの成長記録をアルバムでも連続して展開していたら、彼らの世界にさらなる広がりが生まれたと思うのだが。少年隊のディスコアルバム、シティポップのアルバムなどが誕生していれば、間違いなく音楽史に残る名盤になっていたはずである。

まかいの・もとひろ

東京生まれ。「レコード・コレクターズ」「ギター・マガジン」など音楽誌への寄稿、CDライナー等多数。著書に『にっぽんセクシー歌謡史』、監修に『昭和歌謡ポップスアルバムガイド』など。『ヒット曲の料理人 編曲家・萩田光雄の時代』『同 船山基紀の時代』で取材・構成を務めた。

SHONENTAI

Single Collection

仮面舞踏会

作詞＝ちあき哲也／作曲＝筒美京平
編曲＝船山基紀

1985年12月12日発売
ワーナーミュージック・ジャパン

【カップリング曲】

日本よいとこ摩訶不思議（タイプA）
作詞・作曲＝野村義男
編曲＝船山基紀

春風にイイネ！（タイプB）
作詞＝宮下智　作曲＝佐藤健
編曲＝中村哲

ONE STEP BEYOND（タイプC）
作詞＝Alan O'Day
作曲＝S. A. Williams
編曲＝船山基紀

歌と踊りの総合芸術、少年隊傑作のデビュー曲

現在から振り返っても、この記念すべきデビュー曲には少年隊のほとんどすべてが詰まっていると思える。あのお馴染みのイントロに合わせてメンバーが切れのいいポージングを披露した時点ですでに、優れたパフォーマーとしての少年隊の活躍が予告されているようだ。

ジャニー喜多川がミュージカル映画『ウエスト・サイド物語』に感動したという体験を出発点とするジャニーズにおいては、必ずしも楽曲のみが重要なわけではない。むしろ、歌も踊りも含めた舞台芸術こそが正統だ。そんなジャニーズの最高傑作が少年隊なのであれば、やはりその魅力はステージングとともに語られるべきである。実際「仮面舞踏会」では、イントロも含めダンスを魅せることが意識されている。特に1曲を通して鳴らされ続けるパーカッションの細かいリズムは、大きな動きのさなかに入る手先・足先の細かな振付に対応しており、ここにグルーヴが生まれている。このパーカッションの入った間奏部分は、歌番組などでは引き延ばされていることもあり、少年隊がなにより、ダンスも含めた総合的なパフォーマンスを打ち出した存在であることが示されている。

ちなみに間奏部分を長くエディットするのは、ガラージュ系のディスコ曲で行われることだが、「仮面舞踏会」はボトムの部分を取り出すと、かなりガラージュ系ディスコに近い。気持ちよく反復するディスコのビートとベースラインは、その後の少年隊のディスコティックな路線をも強く打ち出している。傑作のデビュー曲である。

（矢野利裕）

1986年3月24日発売
ワーナーミュージック・ジャパン
作詞＝秋元康　作曲＝筒美京平
編曲＝新川博

【カップリング曲】
ペパーミント夢物語
作詞＝戸沢暢美　作曲＝加藤和彦
編曲＝新田一郎

デカメロン伝説

カオス満載の華麗なるナンセンス

スペクトラム「トマト・イッパツ」（サディスティック・ミカ・バンド「WA-KAH! CHICO」の説もあり）からの引用「ワカチコ！」の連呼、ドレミラミレドラシドミドラソとお子様とともに音階を歌うエキゾなテーマ、ボッカチオを詠みこんだ秋元康の歌詞、筒美京平のめくるめくメロディ展開、のちのラ・ムー仕事を先駆けたような新川博のハイパーな編曲。エレメンツのひとつひとつがカオスを呼び、華麗なるナンセンスへと結実。これをコミックソングに着地させないのが少年隊の度量である。「ペパーミント夢物語（ドリーミング）」は80〜90年代のジャニーズ作品を多数手がけた戸沢暢美（詞）と加藤和彦（曲）コンビの作。編曲は新田一郎……あ、このトリオに「ワカチコ」人脈がふたり！　（安田謙一）

1986年7月7日発売
ワーナーミュージック・ジャパン
作詞＝川田多摩喜、神田エミ
作曲＝長沢ヒロ　編曲＝戸塚修

【カップリング曲】
レイニー・エクスプレス
作詞・作曲＝宮下智
編曲＝マーク・ゴールデンバーグ

ダイヤモンド・アイズ

本場のディスコそのものの出来

元あんぜんバンドのベーシスト長沢ヒロと「セクシャルバイオレットNo.1」のアレンジャーで知られる戸塚修がタッグを組んで作りあげたガチのダンスナンバー。パンチの効いたAメロBメロを反復する構造は、本場のディスコミュージックそのものだ。以前、DJでシックの「グッド・タイムス」、クインシー・ジョーンズの「愛のコリーダ」のあとにこの曲をつないだことがあるが、なんの違和感もなかった。ソロパートを入れずユニゾンのみで歌った最初のシングルでもある。カップリング曲は記念すべき『PLAYZONE』の第1回『MYSTERY』のテーマソングになった「レイニー・エクスプレス」。マーク・ゴールデンバーグによる、デジタルな琴の音を使ったオリエンタルなアレンジが印象的だ。　（高浪高彰）

1986年11月28日発売
ワーナー・ミュージック・ジャパン
作詞＝松本隆　作曲＝筒美京平
編曲＝馬飼野康二

【カップリング曲】
魔法のウインク
作詞＝松本隆　作曲＝筒美京平
編曲＝馬飼野康二

バラードのように眠れ

グルーヴが持続するストイシズム

リフレインはダイアナ・ロス「アップサイド・ダウン」を彷彿とさせる。ファンク／ソウルのグルーヴが最後まで持続する。もうひとつ多くの展開が予想される歌謡曲にあって、このストイックな作りは貴重であり、この曲の魅力へと結実している。思わせぶりな歌詞である。秘められた男と女の関係を、鳴らない電話を抱きしめて眠るファンから歌手への妄想ととらえるなら、完璧としか言いようがない。さすが、松本隆である。妄想へのアクセスは「プライヴェイトフォーン・フォーダブルオーナイン」。発音が妙に心地よい。B面「魔法のウインク」も同じ松本隆（詞）、筒美京平（曲）、馬飼野康二（編曲）のトリオによる、艶っぽいブリティッシュジャズファンク歌謡。AB面にしっかりと統一感がある。　（安田謙一）

1987年3月3日発売
ワーナーミュージック・ジャパン
作詞＝松本隆　作曲＝筒美京平
編曲＝馬飼野康二

【カップリング曲】
雨のスタジアム
作詞＝松本隆　作曲＝筒美京平
編曲＝馬飼野康二

STRIPE BLUE

アーバンな夏ソングの逸品

「バラードのように眠れ」に続く松本隆と筒美京平コンビによる5枚目のシングル。シンセサイザーやホーンセクションをメインにしたグルーヴィなフュージョン的サウンドに、西海岸っぽい爽やかなメロディやリゾートの風景を描いた歌詞が見事にハマった、少年隊流シティポップといえる夏ソングの逸品だ。そういう曲だからメンバーもパワフルに熱唱したりせず、歌い出しの東山紀之からして透きとおった声で丁寧に歌っていて、ライトで爽快な味わいがとても心地いい。最近、椎名林檎がテレビ番組でこの曲をジャニーズでもっとも好きな曲とコメントするなど、再評価の高い曲でもある。カップリングの「雨のスタジアム」は、“スポーツ恋愛もの”の歌詞と叙情的な切ないメロディが冴える佳曲。　（小山守）

1987年6月24日発売
ワーナーミュージック・ジャパン
作詞＝康珍化　作曲＝筒美京平
編曲＝馬飼野康二

【カップリング曲】
ミッドナイト・ロンリー・ビーチサイド・バンド
作詞＝康珍化　作曲＝筒美京平
編曲＝馬飼野康二

君だけに

感謝したくなる奇跡のバラード

フィンガースナップに導かれ、印象的なエレキシタールのイントロが始まる。植草、東山、錦織という順でバトンリレーのようにソロパートをつなぎ、自然と3人が声を重ねていく。ミュージカル的な装飾と、パワーバラードに不可欠なエモーションが完璧に同居。聴くたびに筒美京平の底力に畏怖の念を抱いてしまう。このバラードが、これしかない、という「フリ」とともに記憶される奇跡。少年隊に、そして歌謡曲に感謝したい。B面「ミッドナイト・ロンリー・ビーチサイド・バンド」もA面同様、康珍化（詞）、筒美京平（曲）、馬飼野康二（編曲）のトリオ。ブロウ・モンキーズ「イット・ダズント・ハフ・トゥ・ビー・ディス・ウェイ」歌謡。夏の夜に高揚するアーバンな下心が心地よいグルーヴに揺れる。（安田謙一）

1987年11月11日発売
ワーナーミュージック・ジャパン
作詞＝松本隆　作曲＝筒美京平
編曲＝船山基紀

【カップリング曲】
自然にKissして
作詞＝松本隆　作曲＝筒美京平
編曲＝船山基紀

ABC

アイドル歌謡のひとつの完成形

この曲を筒美京平の最高傑作に挙げる人は多い。下敷きにしているマイケル・フォーチュナティの「ギヴ・ミー・アップ」よりも音が分厚いのは、驚くべき数のデジタル楽器と、凄腕ミュージシャンたちの生楽器が融合しているからだ。船山基紀究極のアレンジ、筒美らしいポップで切ないメロディと松本隆のギミックが効いた歌詞。これはアイドル歌謡のひとつの完成形と言っていい。忘れてはいけないのが少年隊のボーカルとダンス。ジャニー喜多川に「僕の最高傑作」と言わしめたのは、彼らのパフォーマンスが世界レベルに達したからだろう。このタイミングでブロードウェイに進出してほしかった。「自然に Kiss して」のファンキーなサウンドは「パープル・レイン」以降のプリンスを意識したものか。（高浪高彰）

1987年11月30日発売
ワーナーミュージック・ジャパン
作詞＝川村真澄
作曲・編曲＝服部克久

【カップリング曲】
ふたりだけのムーンライト
作詞＝川村真澄
作曲・編曲＝服部克久

LADY

時代性横溢のオールディーズ路線

TBS系アニメ「レディレディ!!」のオープニング曲。少年隊には珍しいオールディーズ路線のナンバーで、特に1曲を通して吹き続けられるサックスと連打されるピアノ、そしてドゥーワップ感のあるコーラスが特徴的だ。サビ以外の部分でも、フィル・スペクターを彷彿とさせると言えば言いすぎかもしれないが、力強いバスドラムとスネアを聴くことができる。80年代後半ということを踏まえると、「涙のリクエスト」をはじめとするチェッカーズのオールディーズ路線との同時代性が指摘できる。カップリングの「ふたりだけのムーンライト」は、同アニメのエンディングを飾るバラードである。美しいストリングスが印象的な演奏に乗せて、「君だけに」のように美しく歌い上げる。（矢野利裕）

1988年3月5日発売
ワーナーミュージック・ジャパン
作詞＝売野雅勇　作曲＝和泉常寛
編曲＝中村哲

【カップリング曲】
KISS THE SUN
作詞＝松本一起
作曲・編曲＝服部克久

【CDのみカップリング】
SILENT DANCER（シングルバージョン）
作詞＝売野雅勇　作曲＝和泉常寛
編曲＝中村哲

SILENT DANCER

ラップを導入した初の12インチ

9作目にして初の12インチ作品であり、彼らのシングルでは初のミディアムファンクチューン。重たいビートの上で、延々と同じモチーフを繰り出すバックのサウンドと、ラップの本格的な導入により、一気にこの時代のブラックミュージックのトレンドに接近した。12インチでのリリースとあって、フロアでかけることを前提に作られており、歌パートはほぼ同じ英語フレーズが繰り返される。ダンスもヒップホップスタイルを導入、衣装もモスグリーンのカッターシャツに黒のパンツ、黒地に白ドットのタイとアダルトムードに。本人たちも出演したセイコーの腕時計「Avenue」のCMソングに起用された。カップリングの「KISS THE SUN」は服部克久の作曲で、のちにリリースされた8センチCDには未収録。（馬飼野元宏）

1988年3月23日発売
ワーナーミュージック・ジャパン
作詞・作曲＝飛鳥涼　編曲＝矢賀部竜成
ストリングスアレンジ＝服部克久

【カップリング曲】
MY GIRL
作詞・作曲＝飛鳥涼
編曲＝村上啓介

【CDのみカップリング】
ABC(S.P. DANCE MIX)
作詞＝松本隆　作曲＝筒美京平
編曲＝船山基紀

ふたり

飛鳥涼の美しいメロディにため息

近藤真彦の「ハイティーン・ブギ」を書く際のプレッシャーは大変なものだったと山下達郎は回想している。デビューから6枚連続で曲を提供していたのが筒美京平で、いずれも大ヒットしていたからだ。少年隊の依頼を受けた飛鳥涼も同じような重圧を感じていたのではないか。なにせ筒美が作曲した「君だけに」以来のスローバラード。しかし飛鳥はため息が出るほど美しいメロディを書き、ランキングも2位を記録した。この作品が3年後の「SAY YES」の助走になったのかもしれない。カップリングの「MY GIRL」は副題をつけるなら「不思議の国の少年隊」。飛鳥の才能があふれている。「ABC（S.P. DANCE MIX)」は星空へと続く階段を上り詰めた永遠の名曲「ABC」のロングバージョン。一晩中聴いていたい。（高浪高彰）

1988年7月8日発売
ワーナーミュージック・ジャパン
作詞＝宮下智
作曲・編曲＝Jimmy Johnson

【カップリング曲】
いけない恋人
作詞・作曲＝宮下智
編曲＝馬飼野康二

What's your name?

スピード一途な野獣の青春

走って来てスタート。なぜそんなに急ぐのか？真夏の一目惚れ。恋は待っているととっとと去ってしまうからだと3人がかりで伝えている。名前も知らない行きずりの人に心を奪われたのであるからして、胸のトキメキのままに前進するしかない野獣の青春の脈動をチョッパー含め闊達なベースが強くアピールしている。スピードがなによりで、ドラムパターンは“パワー・ステーション”的である。カッちゃんがセンターにめぐってきたときに「愛してるよ」と言うのが妙に心に残る。ニッキの軽やかさも印象深い。ところどころに「勝手にシンドバッド」に通じる節回しが織り込まれているのも親しみのわく要因かも。B面の「いけない恋人」に込められた、ヴァン・ヘイレンがGS化したら？という問題提起も貴重だ。（湯浅学）

1988年11月10日発売
ワーナーミュージック・ジャパン
作詞＝森浩美　作曲＝筒美京平
編曲＝新川博

【カップリング曲】

愛の手紙
作詞＝森浩美　作曲＝筒美京平
編曲＝船山基紀

じれったいね

ダンス音楽のトレンドを反映

シンセサイザーを強く打ち出したサウンドが印象的な1988年作。ディスコサウンドからハイエナジーやユーロビートに移行していく時代の音楽的トレンドが反映されている。サビでは「BOOGIE-WOOGIE 刹那いね」と歌われるが、シンセファンクのサウンドはアース・ウインド＆ファイアー「ブギー・ワンダーランド」を連想させる。カップリング曲「愛の手紙」は、リバーブのかかったサックスがムード歌謡的でありつつも、一方でスタイリスティックスのようなフィリーソウル味も感じさせる隠れた名曲。船山基紀のアレンジが絶妙である。ちなみに「じれったいね」のピクチャー盤シングルには「続・じれったいね（海外版）」というジャズ風にアレンジされたバージョンが収録されており、こちらも好曲だ。　（矢野利裕）

1989年6月19日発売
ワーナーミュージック・ジャパン
作詞・作曲＝宮下智
編曲＝石田勝範

【カップリング曲】

Sea and island
作詞＝小倉めぐみ
作曲・編曲＝服部克久

まいったネ 今夜

ショーアップしたブルース

ジャズ歌謡の名作。マイナーキーでスウィングするブルース、ということではキャブ・キャロウェイ「ミニー・ザ・ムーチャー」に通じる。肩でビートを正確にフォローしていく鋭い踊りは、激しいポジションチェンジと全身のキレにため息の連続。大人っぽい雰囲気と青い背伸び感とがあいまって演劇性高めに演出されている。「愛だけが足りないネ」というキラーフレーズと「シャバダバ」とのコントラストで、やるせない気持ちをショーアップして伝えるのはこの3人にしかできない技。熱気とクールさの交差に目がまわる。カップリングの「Sea and island」は未来志向の涼やかなメッセージソングというコントラストがまたニクイ。夏向けの配慮（6月19日発売）ということでしょうか。　（湯浅学）

1990年4月10日発売
ワーナーミュージック・ジャパン
作詞＝亜伊林
作曲・編曲＝杉山洋介

【カップリング曲】
HEAVEN
作詞＝覚和歌子　作曲＝安田信二
編曲＝寺田創一

封印LOVE

歌詞を聴かせつつダンスも魅せる

通算15枚目のシングルだが、前作から10カ月というインターバルでリリースされ、アナログのシングル盤としては本作が最後となった。作詞の亜伊林は三浦徳子のペンネームで、作・編曲はSallyのリーダーだった杉山洋介。ミディアムのユーロビートに乗せ、東山→植草→錦織（2番では植草→錦織→東山）の順でソロをとり、その間ほかのふたりはあまり動かずポージングを決めるのが新鮮だが、抑えめの打ち込みアレンジも含め、全体に歌詞を聴かせる作りになっている。この頃、一般化してきた留守番電話が詞の冒頭に取り入れられているのも時代を意識したもの。淡々としたビートを刻み続けるなか、中盤ではいつもの少年隊のダンサブルな動きになり盛り上がっていくパフォーマンスも計算し尽くされている。（馬飼野元宏）

1990年7月7日発売
ワーナーミュージック・ジャパン
作詞＝吉田美奈子　作曲＝山下達郎
編曲＝船山基紀
コーラスアレンジ＝山下達郎

【カップリング曲】
BOMBER
作詞＝吉田美奈子　作曲＝山下達郎
編曲＝船山基紀

FUNKY FLUSHIN'

達郎カバーをオリジナルに昇華

山下達郎が1979年に出したディスコチューンのカバー。船山基紀のアレンジは原曲をほぼ生かしたダンサブルなサウンドでありつつゴージャス感を強調し、山下本人によるコーラスアレンジはイントロで「Let's make funky night, hey hey hey」というコーラスを入れていたり、エンディングも「All night」で締めていたりと原曲にはないフックを加え、全体として少年隊らしいパーティ感あふれる派手なダンスナンバーに昇華させている。山下の楽曲とジャニーズの相性のよさを、いっそう強めてみせた名カバーといえるだろう。カップリング「BOMBER」も山下のカバー。こちらはアレンジが大幅に変わり、ヒップホップ的要素も入ったエレクトロファンクになっていて、船山の力量がひときわ光る。（小山守）

1990年12月12日発売
ワーナーミュージック・ジャパン
作詞＝真名杏樹　作曲＝羽場仁志
編曲＝船山基紀

【カップリング曲】
Knock my Soul
作詞＝森浩美　作曲＝羽場仁志
編曲＝小林信吾

砂の男

5周年を飾った"引き算の美学"

デビュー5周年記念日の発売で、初回盤は6面ジャケットと特製カレンダー封入だったにもかかわらずオリコン最高14位とシングルで初めてトップ10入りを逃した。スリリングでダンサブルな楽曲が多いイメージから一転し、音域狭めの穏やかなバラードでカラオケでも歌いやすい。都会砂漠にある高層ビルの上階で愛し合うという歌詞も感情移入しやすく、ソロパートの「なんにも言うなよ…言うなよ」もセクシーに響く。まさに少年隊らしさをそぎ落としたからこそ生まれた"引き算の美学"の作品だ。船山基紀の打ち込みも1990年らしい。「Knock my Soul」は、♪PA、PA、PA〜と軽快なフェイクから始まるミディアム調のダンスポップス。都会で我を忘れて遊びまくるという内容はバブル期を想起させる。（臼井孝）

1993年4月27日発売
ポニーキャニオン
作詞＝松本礼児　作曲＝穂口雄右
編曲＝長岡成貢、椎名和夫

【カップリング曲】
君だけに
作詞＝康珍化　作曲＝筒美京平
編曲＝馬飼野康二

You're My Life-美しい人へ-

結婚ムード満タンの純愛バラード

2年4カ月ぶりとなるポニーキャニオン移籍第1弾シングルは朝の情報番組「おはよう！ナイスデイ」のエンディングテーマとなっていたラブバラード。結婚を意識したストーリーや「princess」といったキーワードから、当時の皇太子様（現在の天皇陛下）のご成婚関連のタイアップを狙っていたと推測されるが、歌詞の内容や上質感のある演奏、そして何より誠実な歌唱から、結婚式でBGMに使ったファンも多そうだ。「君だけに」はニューボーカルバージョン。オリジナルより半音下げていることや、少年から好青年へと成長した3人の歌声から、宇宙のファンタジーではなく、現実味を帯びた愛の告白のように聞こえる。説得力ある「マイスイーハー！」を堪能したい人はこちらがオススメ。（臼井孝）

1993年11月29日発売
ポニーキャニオン
作詞＝及川眠子　作曲＝井上ヨシマサ
編曲＝船山基紀

【カップリング曲】
Especially Day
作詞･作曲＝尾関昌也
編曲＝水島康貴

EXCUSE

不実な男が主人公のダンスナンバー

一途なラブバラードの前作から一転して不誠実な男が主人公のスリリングなダンスナンバー。作詞の及川眠子によると、制作サイドより「少年隊のイメージを壊してほしい」と依頼されたそうだ。「彼女にないものを君が持ってた」「ときめいた気持ちに嘘はない」「逢えなくたって想うから」と、次から次へと“EXCUSE”を並べる主人公には呆れるほどだが（苦笑）、激しく踊りながらハーモニーを聴かせるという高度なパフォーマンスから、ひとえにカッコよさだけが印象に残る。「Especially Day」は、スキー場をテーマとした穏やかなラブソング。「I Know」を「愛の」とかけるなど遊び心のある歌詞や、植草と錦織のソロパートが多い点からも、ひとりの男性の日常を感じさせる作品に仕上がっている。（臼井孝）

1995年12月1日発売
ポニーキャニオン
作詞＝松井五郎　作曲＝藤尾領
編曲＝山中紀昌

【カップリング曲】
PGF
作詞＝及川眠子　作曲＝井上ヨシマサ
編曲＝岩崎文紀

Oh!!

ヒガシ中心の哀愁ファンク

前作より2年のタイムラグを経てリリースされた通算20作目で、のちのEXILEにも通じる哀愁ファンク。東山が主演したドラマ「ザ・シェフ」の挿入歌のため、Aメロのソロパートを取るのは東山で、Cメロ部分で各々のソロのリレーという構成。ステージでも東山をセンターに配している。ダンスも回転やジャンプを取り入れつつ、ヒップホップ以降の動きを随所に導入。作詞の松井五郎はシングル初起用、作曲は元A-JARIの藤尾領で、新進アレンジャーとして起用された山中紀昌は、その後アニメ、ゲーム音楽を数多く手がけている。カップリングの「PGF」は、及川眠子・井上ヨシマサ・岩崎文紀のトリオ。タイトルは「Positive Girl Friend」の意で、歌詞の世界観も含め及川流の「ABC」オマージュともとれる。（馬飼野元宏）

1998年1月28日発売
ジャニーズ・エンタテイメント
作詞＝秋元康
補作詞・作曲＝山下達郎、Alan O'Day
編曲＝井上鑑
コーラスアレンジ＝山下達郎

【カップリング曲なし】

湾岸スキーヤー

随所に達郎センスが全開

ジャニーズ・エンタテイメント移籍後のシングル第1弾。もとは1993年に「ららぽーとスキードーム SSAWS（ザウス）」の CM ソングとして制作され、作曲の山下達郎自身のボーカルで使用されたが CD 化には至らず、5年後に少年隊への楽曲提供が決まり、秋元康が詞を加えてフルバージョンが完成した。イントロはじめ随所に挿入されるギターカッティングも爽快で、後半の転調後のホーンとギターソロの絡みも達郎ならではのサウンドメイキング。圧巻は終盤、「Spring, Summer…」のサビに錦織が歌う英語詞による別メロが被さるパートで、ここでの錦織のソウルフルなボーカルは聴きもの。全身白のスーツで、スタンドマイクを蹴り飛ばしハンドマイクに持ち替えるパフォーマンスも斬新だった。（馬飼野元宏）

1998年8月26日発売
ジャニーズ・エンタテイメント
作詞＝康珍化
作曲＝中西圭三、小西貴雄
編曲＝小西貴雄

【カップリング曲】

NIGHT WING

作詞＝松井五郎　作曲＝馬飼野康二
編曲＝船山基紀

愛と沈黙

後期少年隊を代表する名バラード

堂本光一主演の「土9」ドラマ「ハルモニア この愛の涯て」の主題歌で、作曲は当時ブラックビスケッツの「Timing」でメガヒットを飛ばしたばかりの名コンビ、小西貴雄と中西圭三。東山のソロパートを中心に、3人のコーラスワークとストリングスが絡む、後期少年隊を代表する名バラードと言えよう。リリースは8月だったが、長野オリンピックの余韻もあったのか、作詞の康珍化が「凍える薔薇」と冬らしいキーワードを織り込み、フィギュアスケートのような彼らのエレガントなダンスとフィットしていた。カップリングの「NIGHT WING」は『PLAYZONE '98 5night's』の挿入歌。サントラ収録版の中間部分をオミット、歌詞の大部分をリライトして再録音したシングルバージョン。（真鍋新一）

1999年6月23日発売
ジャニーズ・エンタテイメント
作詞＝松井五郎
作曲・編曲＝馬飼野康二

【カップリング曲】
Goodbye & Hello
作詞＝康珍化　作曲＝筒美京平
編曲＝船山基紀

情熱の一夜

本気としか言いようがないラテン要素

光GENJI「勇気100%」や、のちにSexy Zone「Lady ダイヤモンド」を手がける松井五郎（詞）、馬飼野康二（作・編曲）コンビによる曲。パーカッションアンサンブルはもちろん、トゥンバオと呼ばれるきらびやかなピアノのリフレイン、ホーン（特にトランペットのハイノート）など、本気としか言いようがないラテン要素で構成されている。そのすべては3人が華麗に踊り舞うために作られていることは言うまでもない。カップリング曲は康珍化（詞）、筒美京平（曲）、船山基紀（編曲）トリオによる「Goodbye & Hello」。シンガーソングライター調のパーソナルなソロパートが、気がつけばしっかり3人の歌になっている、という構成がひたすら美しい。両曲ともにミュージカル『PLAYZONE 1999』を彩った。　（安田謙一）

2000年2月2日発売
ジャニーズ・エンタテイメント
作詞＝古山博　作曲＝林哲司
編曲＝船山基紀

【カップリング曲】
数千マイルから君を—
作詞＝錦織一清　作曲＝広瀬香美
編曲＝本間昭光
フィエスタ・de・VENUS.
作詞＝夏野芹子　作曲＝浅田直
編曲＝鶴田海生
@リンゴ
作詞＝植草克秀　作曲＝宮崎歩
編曲＝明石昌夫

ロマンチックタイム

多幸感あふれるゴージャスな曲

ゼロ年代最初のシングルは初の冠番組「少年隊夢」のテーマソングで、林哲司作曲、船山基紀編曲による、多幸感あふれるゴージャスなフィリーソウル風。当時のセールスは少々地味な結果に終わったが、初期のNEWSのレパートリーになるなど後輩たちに歌い継がれている名曲だ。カップリングには「見れば見るほど…」に続いて錦織と広瀬香美の共作となった「数千マイルから君を—」や、スパニッシュギターの名手、浅田直を作曲に迎えた東山のシックなラテンナンバー「フィエスタ・de・VENUS.」、そして植草が珍しく作詞も手がけ、デジタル時代到来に直面したアナログ人間の戸惑いを自身の経験（なのか？）も交えてコミカルに歌った「@リンゴ」と、三者三様のソロ曲も収録。ミニアルバムのように楽しめる。（真鍋新一）

2001年2月21日
ジャニーズ・エンタテイメント
作詞＝Platina
作曲・編曲＝馬飼野康二

【カップリング曲】
SMILE AND SORROW
作詞・作曲＝宮下智
編曲＝船山基紀

君がいた頃

後悔と孤独をダメ押しする

ナイロン弦のギターのオブリガートが淋しさを増幅する。別れたことを後悔する男心を柔和に描いているが、年齢を重ねた身で聴くと妻に先立たれたひとり身を想像させて尋常な心ではいられなくなる、実はハードな名作。ボタンの取れかかったシャツと針と糸とか、青空の下でありえない「君の姿」をつい夢想してしまうとか、映像が次々に紡ぎ出されるすばらしい歌詞。「沈黙が一番つらい」が曲全体に効いていて、「君じゃない」の輪唱コーラスがダメ押ししている。カップリングのロッカバラード「SMILE AND SORROW」は「切なさと悲しみを引き受けて僕は行こう」という決意が泣かせる。カッちゃんの歌声とぴったりのこちらも名曲。サビの3人のコーラスは年輪を感じさせる。どちらも身に沁みる好シングル。（湯浅学）

2006年7月9日発売
ジャニーズ・エンタテイメント
作詞＝島崎貴光
作曲＝Thomas Thornholm, Michael Clauss, Dan Attlerud
編曲＝m-takeshi

【カップリング曲】
自分で選んだ明日をゆく
作詞＝六ツ見純代
作曲＝Fredrik Hult, Eivind Buene, Ronny Janssen
編曲＝川端良征

想 SOH

ドラマティックなロッカバラード

現時点での最新シングル。2曲ともミュージカル『PLAYZONE 2006 Change』の劇中歌ということもあり実にドラマティック。「想 SOH」は、互いを想いやることを謳ったロッカバラード。東山がジェントルに、錦織がワイルドに、植草がフレッシュさを残し、三者三様に歌うというバランスも絶妙だ。「自分で選んだ明日をゆく」は、同公演の核となる場面で歌われた組曲。ダンスビートに乗って“自由”を主張する東山、ジャジーなピアノに合わせて“金”を追う錦織、そしてスローバラードで“愛”を守ろうと熱唱する植草と、こちらも対比が面白い。本作を聴くと、少年から青年、壮年へと成長を遂げた3人のハーモニーを、より多くの新曲で堪能してみたくなる。“もう一度アンコール”という声援も聞こえてきそうだ。（臼井孝）

SHONENTAI
Album Collection

翔 SHONENTAI

1986年9月1日発売
ワーナーミュージック・ジャパン

01	ZERO
02	サクセス・ストリート
03	ルールー歯が痛いー
04	しょげるなBABY
05	いちばん小さなプラネタリウム
06	反則!
07	SILENT LADY
08	一千一秒物語
09	HEARTS
10	星屑のスパンコール

筒美京平作品が彩る記念碑的初アルバム

1986年9月リリースの少年隊のファーストアルバム。それまでにヒットした3枚のシングルが収録されていると思いきや、AB面1曲も入っていない。錚々たる作家陣を配し、丸ごとオリジナル曲で制作された豪華なアルバムだ。10曲中6曲を当時最強のヒットメーカー筒美京平が作曲しているというだけでも、どれだけ力を入れていたのかがわかる。

筒美は洋楽の最新サウンドを取り入れるのが得意だった。例えば「ZERO」のイントロに使われているフレーズはラナ・ペレーの「ピストル・イン・マイ・ポケット」。2カ月後に発売された中山美穂の「WAKU WAKU させて」ではさらに大胆に引用されていた。「サクセス・ストリート」ではデッド・オア・アライヴの「ユー・スピン・ミー・ラウンド」のリズムパターンが使われている。つい最近までアメリカのチャートを賑わせていたヒット曲のサウンドが、わずかな時間差で歌謡曲に形を変えていた。洋楽を聴かない人でも邦楽を通じて世界の最先端の音楽に触れることができたのだ。

その筒美とのコンビで小泉今日子「なんてったってアイドル」をヒットさせた秋元康が詞を提供した「ルールー歯が痛いー」は「デカメロン伝説」の延長線上にある曲調。こういうヤンチャ路線の少年隊も捨てがたい。本作は東山がソロで歌うシカゴ風のバラード「HEARTS」から、今やジャニーズの定番曲となった「星屑のスパンコール」へと連なるふたつのクロージングソングで締めくくられる。曲順においても優れたアルバムだと思う。　（高浪高彰）

Duet

1986年11月28日発売
ワーナーミュージック・ジャパン

01	夢・きらめきダンシング
02	YOROSHIKU! NEW YORK
03	恋の涙はすみれ色
04	裸足の二人
05	CORD NUMBER 0017
06	ミステリー・ゾーン
07	レイニー・エクスプレス (スロー・ヴァージョン)
08	オープニング ー仮面舞踏会イントロー
09	太陽のあいつ
10	地球はひとつ
11	夏の誘惑
12	よろしく哀愁
13	ハートの夢
14	愛がこわい
15	21(トゥエンティーワン)
16	いつか何処かで
17	ザ・青春セイリング
18	ハッとして!Good(グー)
19	ギンギラギンにさりげなく
20	Zokkon 命(LOVE)
21	気まぐれ One Way Boy
22	仮面舞踏会
23	君にこの歌を

カセット作品2本を CD1枚にカップリング

当初カセットテープのみの発売だった2作品を1枚のCDにカップリング。8〜23曲目は1986年3月、ファーストアルバムに先立ってリリースされ、歴代ジャニーズ楽曲のカバーをノンストップメドレーで収めた『BACKSTAGE PASS 僕達のルーツはジャニーズから！』で、1〜7曲目が同10月の『PLAYZONE』第1作サントラ『ミュージカル プレゾン“ミステリー”抜粋』だ。

前者では「太陽のあいつ」に始まる長いメドレーの前後に「仮面舞踏会」のショートバージョンを収録し、少年隊のデビューを鮮烈に印象づけている。カセットのA面B面にそれぞれ入っていた2本のメドレーはどちらも基本的に時系列だが、ラストは初代ジャニーズの楽曲で締めくくられており、すでにこの時点で伝説が強固に築き上げられていることがわかる。全曲のアレンジは1989年に51歳で早逝した名編曲家、田辺信一の最晩年の仕事。

後者ではジャニーズの原点であるショービジネスとアメリカ志向が高らかに歌い上げられ、そこに80年代らしいメルヘンでファンシーな世界とSF & ミステリーの世界が盛り込まれている。サウンド面は作曲の井上堯之、編曲のボブ佐久間がほぼ全曲を務め、「レイニー・エクスプレス」のスロー・ヴァージョンで幕。作詞の神田エミは元「レ・ガールズ」で作詞家に転身した中里綴の1986年以降の名義。1988年に亡くなった彼女の、これも残念ながら晩年の作となった。同じく作詞の森泉博行はミュージカル本編の脚本家で、のちに『SHOCK』や『滝沢歌舞伎』も手がけたジャニーズゆかりの人物。　（真鍋新一）

WONDERLAND

1986年12月21日発売
ワーナー・パイオニア

01	ヴキウギ・キャット!
02	FRIDAY NIGHT
03	My Little Simple Words
04	永遠の恋人

ソロ曲で堪能できる 3人それぞれの個性

シングル「バラードのように眠れ」のほぼ1カ月後に発表された4曲入りミニアルバム。1曲目は安井かずみ（詞）、加藤和彦（曲）夫妻の作による「ヴギウギ・キャット！」。ディープ・パープル「バーン」を大胆に引用したアップテンポなデジタルロックンロール。ケニー・ロギンス「フットルース」や、ポインター・シスターズ「ニュートロン・ダンス」あたりのムードを持つエレクトロな狂騒が眩しい。エイティーズの意匠を持つこの曲は世代を超えてジャニーズライブの定番曲として生き残っていく。

残りの3曲はそれぞれソロ名義。トップは錦織一清の「FRIDAY NIGHT」。当時のディレクターだった鎌田俊哉は曲想は佐野元春の「アンジェリーナ」から得た、とインタビューで証言している。凍てつく冬の金曜の夜、恋人を前にたかぶる感情をリリカルに綴った、しみじみいい曲。6分を超える長尺も飽きさせずに聴かせる。「My Little Simple Words」は植草克秀のソロ曲。リマール「ネバーエンディング・ストーリー」あたりを思い出させる、ドリーミーなエレポップ歌謡。1番の終わりにシンセでさりげなく「炎のファイター」を忍ばせているのは故意か、偶然か。この曲もまた植草のキャラクターに見事に呼応している。最後は東山紀之の「永遠（とわ）の恋人」。それぞれのパーソナルな部分へと一歩踏みこもうとする前2曲に対して、ここでも少年隊に負けるとも劣らぬドラマ性を伴ったイメージを構築しようとするのが、東山らしい。ラストのセリフまでつくりものの美学で貫かれている。（安田謙一）

PRIVATE LIFE Light & Shadow

1987年4月28日発売
ワーナーミュージック・ジャパン

01	First Memory
02	April Hurricane
03	Heart Song
04	パール パピヨン (Instrumental)
05	すべてが始まる夜に
06	哀しみのプリンセスへ
07	おしゃれ泥棒
08	First Memory (Instrumental)

夏のリゾートをテーマに トータル性の高い構成

夏のリゾートをテーマにしたコンセプトアルバムで、シングル曲は未収録。別れた恋人との夏を振り返る「First Memory」で幕を開けるが、作・編曲は少年隊に随所で重要な楽曲を提供してきた服部克久で、爽快な AOR チューンはデルモンテフルーツドリンクの CM にも使用された。

ほぼすべて異なる作詞家、作曲家を起用しており、珍しいのは2曲目「April Hurricane」を作曲した加藤和彦か。植草のソロ楽曲で、前サビの短調で始まりＢメロでメジャーへの転調も鮮やか。新田一郎のド派手なアレンジも功を奏し、植草の「ハリケーン！」の絶叫がアイドルらしさ全開。マンハッタン・トランスファー「ボーイ・フロム・NY シティ」を思わせるシャッフルビートの「Heart Song」、都志見隆＆椎名和夫コンビのインスト曲を挟み、白峰美津子・中崎英也・戸塚修のトリオによる「すべてが始まる夜に」は錦織のソロ。自身の持ち曲のなかでも好きな曲として彼らのショー番組「少年隊夢」でも披露されたハードロックテイストのナンバー。一方、東山のリード作「哀しみのプリンセスへ」は編曲の新川博らしいニューウェーブ風サウンドに彩られたファンク寄りのシンセポップ。佐藤純子・西木栄二・戸塚修トリオの「おしゃれ泥棒」は完璧にシティポップだ。

最後に再び1曲目のインスト版が流れ、全体にトータリティを感じさせる構成。同アルバムの全曲を曲順違いで収録したイメージビデオも発売されており、サーフィンやカヌー、ドライブを楽しむ、彼らのハワイでのプライベートライフを追った映像となっている。　（馬飼野元宏）

TIME•19

1987年7月1日発売
ワーナーミュージック・ジャパン

01	1998〜星の彼方へ〜
02	こわがらないで、天使(エンジェル)
03	ハロー!
04	ヘルプ・ミー
05	君がいない
06	ストレンジャー Go To The ストリート
07	ロングタイム・ロマンス
08	君を旅して知っている
09	ガ・ガ・ガ
10	君だけに(Instrumental)
11	グッバイ・カウント・ダウン

ソウル、ブラコンそして ヒップホップにも挑戦

オープニングとラストがそれぞれ、「1998〜星の彼方へ〜」と「グッバイ・カウント・ダウン」という6分以上にわたる壮大な曲。この2曲があることによって、アルバム全体にタイムトラベルのような世界観が打ち出される。その意味で、本作はコンセプトアルバム的である。

このコンセプチュアルな構成のなかで、多彩な曲が持ち前の歌唱力とともに披露される。例えば「ハロー!」は、オールディーズの雰囲気を基調にしつつも、女声コーラスやホーンなどブラコン要素をふんだんに取り入れることで、すばらしいポップスに仕上がっている。あるいは、「ロングタイム・ロマンス」は、80年代のモータウンあたりを連想するメロウソウル。ジャニーズファン的には、ダニー・ハサウェイ版「ホワッツ・ゴーイン・オン」をサンプリングしたSMAPの隠れた名曲「Trouble」と似たバイブスを受け取るかもしれない。

そんな好曲揃いの本作におけるハイライトは、80年代の名アレンジャー清水信之が編曲を務める「君を旅して知っている」と「ガ・ガ・ガ」だろう。まず「君を〜」のほうは完全にレイヴ〜ハウスに目配せをした作りで、その点、同時代のTM NETWORKと共振する。続く「ガ・ガ・ガ」は、ラップ歌謡ファンには少しだけ有名なヒップホップ挑戦曲だ。ハービー・ハンコック「ロック・イット」を意識したのかスクラッチを多用したトラックに、同時代のいとうせいこうのようなライミングが乗る。どちらの曲も、わりと早い時期における歌謡曲からクラブミュージックへのアプローチである。　（矢野利裕）

Magical 童謡 Tour

1987年9月25日発売
ワーナーミュージック・ジャパン

01	村まつり
02	赤いくつ
03	おべんとうばこのうた
04	赤とんぼ
05	汽車ポッポ
06	糸まきのうた
07	森のくまさん
08	どんぐりころころ
09	小さい秋みつけた
10	おもちゃのチャチャチャ
11	七つの子
12	しょうじょうじの タヌキばやし
13	背くらべ
14	シャボン玉
15	ペチカ
16	犬のおまわりさん
17	手のひらを太陽に
18	夕やけ小やけ

服部克久のアレンジで 童謡・唱歌をアップデート

古くは明治の文部省唱歌（「村まつり」）から戦後の楽曲（「犬のおまわりさん」など）まで、たっぷり18曲が選曲された異例の童謡カバーアルバム。ちなみに「村まつり」は永井花水作詞、中山晋平作曲とクレジットされているがこれは誤りで、作詞者・作曲者ともに不詳（作者については諸説あり）。

それまでも童謡カバーアルバムには由紀さおり・安田祥子姉妹の「あの時、この歌」シリーズや、岩崎宏美の『ALBUM』といったヒット実績があり、そこに少年隊も乗り込んだかたちになった。特に彼らの場合はアルバムのプロデュースと全曲のアレンジを務めた服部克久によってかなり現代的なアプローチがされているのが特色。メロウな「小さい秋みつけた」「背くらべ」、エレポップ「どんぐりころころ」、レゲエ「手のひらを太陽に」、本格的な社交ダンスBGM「おもちゃのチャチャチャ」、80sロック「しょうじょうじのタヌキばやし」など、曲に合わせて幅広く楽しいアレンジが施されており聴きどころは意外にも多い。

選曲がマニアックというか、世代によってはあまり馴染みのなさそうな楽曲も含まれていること、1番だけしか知られていない曲がフルコーラスで歌われていることなどもあり、シンプルに勉強になる面もある。「Viva Fiesta Viva! Viva!」「Chu ×4 Train」「Dancin' in the Moonlight!」「Balloon～」といった、オリジナルに追加された英語のコーラスや掛け声も実に味わい深い。

彼らのボーカルを抜いたバージョンが『童謡カラオケ』としてカセットのみでリリースされたそうだが、現物は未確認。　（真鍋新一）

PARTY

1987年12月14日発売
ワーナーミュージック・ジャパン

01	Happy birthday to!
02	トナカイという名の船
03	どんなにいいかもネ！
04	ひとりぼっちのクリスマス

底抜けに“忘年”はしない
趣き豊かな年末歌謡集

年末に向けての4曲入りミニアルバム。当初は12インチのLPサイズのジャケットにアナログ7インチEPを封入した形のものと、CDとでリリースされた。クリスマスをどういう気持ちで過ごすのか。メンバー各自が1曲ずつリードボーカルをとることで、ロマンチックな年末から淋しい年の瀬までフォローする作りになってはいるが、底抜けに“忘年”する感触がないのがならではだろう。

「Happy birthday to!」はスタイリスティックスの「愛がすべて」を彷彿とさせるイントロで引き込む、ラテンハッスル風のミディアムダンスナンバー。服部克久によるカラフルなアレンジはヴァン・マッコイをさらに躍動させたような冴えを見せていてさすが。ニッキ中心のバラード「トナカイという名の船」は、恋するふたりの存在を空＝地球全体規模で俯瞰するエコロジカルな視点を持った作品。展開にも妙味あり。「毎日がメリークリスマスなら どんなにいいかもね」という少年隊にはめずらしく楽天的でジャジーな「どんなにいいかもネ！」はカッちゃん中心。田原のトシちゃんが歌ってもしっくりきそうな作品で楽しい。のちの「君のいないクリスマス」につながるしっとりと淋しいクリスマスソング「ひとりぼっちのクリスマス」は、山下達郎の「クリスマス・イブ」直系の孤独なシティポップ。歌うのはヒガシ。ひとりでクリスマスを送らねばならないすべての人々に向けて丁寧に歌っている。前作が“童謡”だったことを考えるとお正月用の曲がひとつくらいあってもよかったのでは？と思う。　（湯浅学）

Album

BEST OF 少年隊

1988年2月20日発売
ワーナーミュージック・ジャパン

01	仮面舞踏会
02	デカメロン伝説
03	ダイヤモンド・アイズ
04	バラードのように眠れ
05	STRIPE BLUE
06	君だけに
07	ABC
08	春風にイイネ!
09	ペパーミント夢物語
10	レイニー・エクスプレス
11	魔法のウインク
12	雨のスタジアム
13	ミッドナイト・ロンリー・ビーチサイド・バンド
14	自然にKissして
15	少年隊メモリアルトーク
16	少年隊とおしゃべりデート

歌謡曲からJ-POPへ——流行歌変遷の時代を凝縮

デビュー作の「仮面舞踏会」から「ABC」までシングル7枚のAB面をまとめた企画アルバム。本編の14曲中10曲を当時もっともヒット作を量産していた筒美京平が作曲していることと、オリジナルの発売が1985年12月から1987年11月という歌謡曲からJ-POPへと移行していった時期だったことを照合すると、日本の流行歌の変遷が凝縮された名盤とも言える。

実際に作品を聴くと、もともとハイレベルだった3人の歌唱力が、たった2年間でますますセクシーかつリズミカルに成長しているのもわかる。特に顕著なのが、本作のためにリミックスが施されボーカルが再録された「仮面舞踏会」。初出のバージョンの懸命な感じもいいが、ここではショーアップされた歌声が堪能できる。

そして、ボーナストラック的な位置づけで「少年隊メモリアルトーク」と「少年隊とおしゃべりデート」も収録。「メモリアルトーク」のほうは、各シングルの思い出を3人で振り返るのだが、ごく初期から楽曲セレクトや歌詞変更などの制作面に積極的な様子が事細かな説明からよくわかる。やはり、アイドルというよりアーティスト志向が強かったのだろう。「おしゃべりデート」は、植草は喫茶店で待ち合わせ、錦織は海辺でギターを弾き語り、そして東山は電話で映画を観る約束と三者三様のシチュエーションが楽しめるが、なにより聴き手が答える余白が残されていて、まさに"おしゃべりデート"できるのが面白い。2020年末には35周年ベストが発売されたが、カップリング曲の大半と、オマケ的な2トラックは貴重なので、今後再び発売されることを願う。(臼井孝)

Heart to Heart 5years少年隊…そして1991

1990年12月23日発売
ワーナーミュージック・ジャパン

01	衛星の街（サテライト・シティー）
02	Christmasまで帰らない
03	君がいたから
04	NO ジャンル KISS
05	SWINGING LIPS
06	氷の国
07	どうなってもいい
08	LEFT-HANDED DANCE
09	可愛いKiss、哀しいKiss
10	WORKING WOMAN
11	FUNKY FLUSHIN'（L.A. Version）

打ち込みとAORテイストの“デジタルシティポップ”

オープニングを飾るのは、「衛星の街（サテライト・シティー）」というジャニーズ正統のマイナー調ディスコ曲である。この曲は「デジタルで繋ぐ流行の時代／崩れ出すビッグシティ」という歌詞から始まるが、この一節になぞらえて言うならば、本作は“デジタルシティポップ”とも名付けたくなる内容だ。

本作のデジタル性を担うのはシンセサイザーとドラムマシンである。それは「君がいたから」のようなバラードでも同様で、この曲の背後では、ローランドのカウベルが薄く鳴り続けている。一方、本作のシティポップ性を担うのは、グルーヴィなカッティングギターである。「NO ジャンル KISS」「どうなってもいい」などで披露されるナイル・ロジャースやジェイ・グレイドンを連想させるギターはブルーアイドソウルや AOR の雰囲気を加えており、その結果、本作はシティポップの系譜に連なるような作品となっている。

出だしから派手なカッティングギターが披露される「SWINGING LIPS」は明らかにアヴェレージ・ホワイト・バンド「ピック・アップ・ザ・ピーセズ」へのオマージュ。途中の間奏までそっくりだ。渋谷系前夜のオマージュ精神と言えなくもないが、もっと素朴にネタ元にしている印象もある。“デジタルシティポップ”のラストを飾るのが、山下達郎のカバー「FUNKY FLUSHIN'」（作詞は吉田美奈子）。言わずと知れた名曲は、クインシー・ジョーンズやフィル・コリンズなどの曲も手がけるアーロン・ジグマンの編曲で収録されている。（矢野利裕）

愛は続けることに意味がある

1993年12月1日発売
ポニーキャニオン

01	のどもとすぎれば 恋も忘れる
02	EXCUSE (Album-Version)
03	Danceいっぱつ
04	愛は強いはずなのに
05	お好み焼き
06	What is Love!
07	だんぜん愛さ
08	君のいないクリスマス

「それでもやり続ける」人々への愛にあふれた名盤

ニッキのソロ、ニュージャックスウィングの「のどもとすぎれば恋も忘れる」で明朗に幕を開ける。“終わりじゃない。諦めちゃいけない”が全体の通奏低音で、アルバムタイトルが映えるオープニングにふさわしい。「愛は流行りじゃない」のフレーズは、岡村靖幸の名曲「愛はおしゃれじゃない」に直結している。

そういえば「愛は強いはずなのに」のイントロがどこか岡村ちゃんの「Super Girl」を思い出させる偶然もどこか心地いい。「愛は強いはずなのに」はカッちゃんのソロ作で、今一歩が踏み出せない逡巡を描いている秀作。シングルとは別バージョンの「EXCUSE」はファンカラティーナ的な華やかさでこれもまた恋の迷いを伝えている。もろにシティポップな「Dance いっぱつ」（ヒガシメイン）も不調な恋に関する作品で、途中にため息まで入っている。踊ることで前に進もうという決意を力まずに歌っているところが大人になった少年隊の真骨頂だと思う。

オーケストラヒットがいい味の「What is Love!」は男寄りの“愛についての一考察”だが、自問自答のあと、自分を励ましている健気な作品。再びカッちゃんがソロをとる「だんぜん愛さ」は倦怠を乗り越えようという決意を表明した歌で、21世紀にも誰かにカバーしてほしくなる。ジャジーなファンクの「お好み焼き」は具体的な食べ方を吟味している見事なプチドラマ作品で、SOOO BAAD REVUEを思い起こさせる。軽やかなのに悲しい「君のいないクリスマス」でやるせなさ全開、それでもやり続ける人々への愛にあふれた名盤である。（湯浅学）

Prism

1999年1月27日発売
ジャニーズ・エンタテイメント

01	Act-Show
02	愛の嵐
03	Be COOL
04	愛と沈黙
05	誘われて EX(エクセレント)
06	Gamble Guy
07	Season of Love
08	TOUCH MYSELF
09	見れば見るほど…
10	The longest night
11	君に降るMelody
12	Let Me Love You
13	湾岸スキーヤー

後期の名盤に一貫するダンスサウンドと冒険心

1999年作品だが、現時点で最新のオリジナルアルバム。メンバーそれぞれのソロ曲が2曲ずつ6曲、3人による曲が7曲という構成で、曲ごとに異なる気鋭の作家陣が参加して多彩なアプローチの楽曲が並ぶ。まず冒頭、スペクトラムのカバー曲「Act-Show」から超強力で、原曲よりもややテンポの速いダイナミックなブラスファンクサウンドと躍動感たっぷりなボーカルで、派手にたたみかけていく。3人の曲ではダンサブルでアッパーな「誘われて EX」(『PLAYZONE '97 RHYTHM II』にも収録)、名曲の誉れ高いファンクナンバー「The longest night」、のちにジャニーズ WEST が歌い継ぐことになる「Gamble Guy」など、秀逸な曲揃い。

ソロ曲のほうでは、錦織一清がミディアムソウルの「愛の嵐」とファンキーな「見れば見るほど…」で、ともに錦織自身による歌詞をセクシーに歌っている。東山紀之は「Be COOL」でビッグバンドジャズをバックにクールに歌い、「TOUCH MYSELF」ではテクノサウンドとともにハイトーンの歌声を聴かせていて、どちらも冒険心に富んだ試みだ。そして植草克秀は2曲ともウィンターソング。「Season of Love」はウォールオブサウンド風、「君に降る Melody」はバラードで、いずれも彼のスウィートなボーカルが際立った仕上がりといえる。

3人の個性を明確に示し、曲ごとに多様な表情を見せつつ、ブラックミュージック直系のダンサブルな曲中心という少年隊ならではの魅力はブレていない。いまだに名盤と呼ばれるのもうなずける、完成度の高いアルバムだ。(小山守)

少年隊 35th Anniversary BEST
通常盤

2020年12月12日発売
ジャニーズ・エンタテイメント
＊DISC1・2はシングル全25曲

【DISC 3】

01	あなたに今Good-bye
02	あいつとララバイ
03	トワイライト・ フィーリング
04	感じだね……デラ
05	春風にイイネ!
06	ONE STEP BEYOND
07	レイニー・エクスプレス
08	サクセス・ストリート
09	星屑のスパンコール
10	ヴキウギ・キャット!
11	First Memory
12	愛の手紙
13	PGF
14	The longest night

成長ぶりを示した
オールタイムベスト

デビュー35周年を記念するオールタイムベストアルバム。通常盤はCD3枚組で、DISC 1〜2には「続・じれったいね（海外版）」を除く全シングル25曲を収録している。

DISC 1の80年代は初期の筒美京平作品をはじめとしてアッパーに攻める曲が中心で、ボーカルもアイドルの匂いを感じさせるが、それが90年代以降のDISC 2になるとじっくりと聴かせるバラードが目立ち、3人の歌声も落ち着いた歌唱になっていく。特に終盤の「君がいた頃」「想 SOH」あたりのしっとりとした大人感漂う歌いっぷりは、少年隊ポップスの到達点ともいえるだろう。そうした3人の成長ぶりを克明に記した2枚だ。

もうひとつのDISC 3は初CD化の曲やシングルのカップリング曲、アルバムのみ収録の曲などを集めたレアトラック集。冒頭3曲は、レコードデビュー前の映像作品『少年隊』（1984年）に収録されていた曲の初CD化だ。ソウル風味の「あなたに今Good-bye」、ホーンセクションがうねるファンクチューン「あいつとララバイ」、美しいメロディの「トワイライト・フィーリング」と、少年隊らしいダンサブルな曲揃いですでに個性が確立されており、いずれもまだ初々しく勢いにあふれた歌声が聴ける。「感じだね……デラ」はCMソングに使われたキャッチーなアイドル歌謡で、こちらも若々しいボーカルが印象的。アルバム曲も本作の制作を主導した植草克秀の尽力によって、「星屑のスパンコール」「The longest night」などファンに人気の高い重要曲が収められ、少年隊の裏ベストといえる仕上がりになっている。

（小山守）

少年隊 35th Anniversary BEST
完全受注生産限定盤

2020年12月12日発売
ジャニーズ・エンタテイメント
＊DISC1・2はシングル全25曲

【DISC 3 －PLAYZONE－】

01	1998〜星の彼方へ〜
02	こわがらないで、天使
03	グッバイ・カウント・ダウン
04	パーティーが終わっても
05	Baby Baby Baby
06	ダンス ダンス ダンス
07	かがやきの日々
08	We'll Be Together
09	HOLD YOU TIGHT
10	誘われてEX
11	bite the LOVE
12	Goodbye & Hello
13	めぐりゆく夏
14	プリマヴェラ〜灼熱の女神〜
15	fin.

【DISC 4 －SOLO－】

01	My Little Simple Words［New Vocal］
02	ロングタイム・ロマンス
03	キッチン！
04	どーしようもない
05	星も見えない夜
06	あの日…
07	Before Fight
08	Replicant, Resistance
09	千年メドレー
10	見果てぬ夢を
11	Season of Love
12	Dear…

【DISC 5 －EXTRA－】

01	まいったネ 今夜 2020［New Vocal］
02	ミッドナイト・ロンリー・ビーチサイド・バンド［New Vocal］
03	Because
04	Baby Baby Baby 2020［New Vocal］
05	君だけに［New Vocal］
06	GATE
07	星屑のスパンコール 2020［New Vocal］
08	Let's Go To Tokyo［New Vocal］
09	ビロードの闇に抱かれて
10	夏の名前
11	仮面舞踏会 Remix 2020

限定盤のDISC3〜5は
聴き応えあるレア曲満載

限定盤のCDは5枚組で、DISC 1とDISC 2は通常盤と共通している。限定盤のDISC 3は少年隊が1986年から2008年まで毎年開催していたミュージカル『PLAYZONE』からの音源である。田原俊彦「ハッとして！Good」の作者としても知られる宮下智が作曲した「パーティーが終わっても」には「ABC」と同種の心地よさを感じる。ミュージカルならではのオーケストレーションが楽しめる「かがやきの日々」や、ジャニー喜多川が作詞に関わった「We'll Be Together」など聴き応えのある曲が多い。

DISC 4はソロ曲集。特筆すべきは「まいったネ 今夜」の宮下智・石田勝範コンビによる「キッチン！」。まさかナイアガラサウンドを東山のボーカルで聴けるとは思わなかった。植草曲では声のよさを実感できる「Dear…」が秀逸。「勇気100%」の作者である馬飼野康二の作編曲だ。錦織のエンターテイナーぶりが発揮されているのは「見果てぬ夢を」。ジャニーズの原点である『ウエスト・サイド物語』を彷彿とさせるボブ佐久間の編曲にも魅了される。

DISC 5に収められた未発表曲「ビロードの闇に抱かれて」。AORを歌わせると少年隊は本当にうまい。このディスク一番の目玉は、1988年のドキュメンタリー映画『燃える白球』主題歌として筒美京平が作曲した「夏の名前」だろう。ここに入らなかったら一生聴けなかったかもしれない。「仮面舞踏会 Remix 2020」の終盤、筒美作品のカットアップから大サビにいくところは何度聴いてもグッとくる。Show must go on. また3人のステージが観たい。（高浪高彰）

あとがき

この本は、少年隊の魅力の秘密をめぐる旅のようなものだった。

いったいどんな本が完成するのか、まだ全貌が見えない状態で、快くインタビュー取材を受けてくださった方々、寄稿してくださった方々には感謝してもしきれない。普段は音楽誌やエンタメ媒体に執筆される方たちにシングル・アルバムレビューを依頼することができたのも非常に心強かった。本書ができあがるまでに関わってくださったすべての方に感謝します。ありがとうございました。

本書のキャッチフレーズとして「少年隊に捧げる令和のライナーノーツ」という言葉を使ったが、編集部が目指していたのは「少年隊」という巨大な作品を批評することだ。単純に好きか嫌いかということではなく、「少年隊だから」という理由で絶賛するのでもなく、多くの人を今、魅了している少年隊というものは、いったい何なのか？　令和にこうした動きが起こるのはなぜなのか?という アプローチを採った。少年隊という作品を論じる本が、日本に1冊くらいあってもいいのではないかと思ったからだ。

ファンの人にはファンの数だけの「愛」や「解釈」があることは十分に理解している。それは、その方の正解で、誰も立ち入れない不可侵領域だ。ただ、批評というのはちょっと違う。ファンであるかないかはそこでは関係ない。作品と向き合って、そこから何を感じるか、だ。

例えば、少年隊のメンバーのひとりが「あまりいい思い出がないから、僕、『ABC』そんなに好きじゃないんだよね」と言ったとしよう（あくまで仮定の話です）。そうしたら、「ABC」という曲の持つ輝きはすべて失われてしまうのだろうか。そんなことは決してない。そこを分けて考えるのが批評である。本人の思い入れや感情は参考材料のひとつになるかもしれないが、作品の良し悪しがそれによって左右されるわけではない。

また、本書のなかで「動画」という言葉が何度も出てくるが、これが何をさしているのか、多くの読者の方はお気づきになっていると思う。コンテンツを作る側にいる立場の人間として、それを諸手を挙げて推奨するものでないことは記しておきたい。かといって非難することもできない。カルチャーというものがデジタルの世界で、同時代に生きていなかった人にも伝わり、共感を呼び、のちの記憶に残っていく、という連鎖のような現象は実に興味深く、非常に令和的なのではないかと感じている。ベストなのは公式に少年隊の音源も映像もすべて解禁されることだが、それにはあと「何マイル」かかるのか、今はまだわからない。

しかし、少年隊の沼は深い、深すぎる……。本1冊では、その魅力の一端を探ることしかできなかったように思う。もしも『令和の少年隊論2』を出すことができるなら、さらに幅を広げて、コンサートやディナーショー、そして『PLAYZONE』の世界を深掘りしつつ、さらなる関係者の方々のお話を聞いてみたい。この旅がこのあとも続くことを願って。

WE LOVE SHONENTAI編集部

真鍋新一（まなべ・しんいち）

1987年生まれ。「愛と沈黙」をはじめ、子供心に大人の雰囲気を感じさせてくれたのはSMAPやTOKIOの隣で歌う少年隊の3人でした。ビートルズなど60～70年代の洋楽や日本の歌謡曲、新旧洋邦問わず映画について編集や執筆など。毎週日曜はラジオ番組「Radio Cafe Groovin'」に出演しています。

矢野利裕（やの・としひろ）

1983年生まれ。批評家、DJ。大谷能生、速水健朗との共著『ジャニ研！』（増補版2020）をきっかけに文筆活動を始め、文芸と音楽を中心に批評活動を行う。著書に『ジャニーズと日本』『コミックソングがJ-POPを作った』など。「バラードのように眠れ」は歌謡ディスコの名曲だと思います！

安田謙一（やすだ・けんいち）

1962年神戸生まれ。ロック漫筆家。近著に『ライブ漫筆』（誠光社）がある。発売時に買った「デカメロン伝説」がフェイバリットなのは、田原俊彦でいえば「ハッとして！Good」、近藤真彦でいえば「ヨコハマ・チーク」という感じの「デビュー曲の緊張が緩和したC調な2曲目」が好きなせい。

湯浅学（ゆあさ・まなぶ）

1957年横浜生まれ（フォーリーブスより少し下世代）。音楽、文学などの評論、ラジオ番組の構成、DJ、農作業などで暮らしているが、もっとも多忙なのは猫の世話。フォークロックバンド＝湯浅湾で作詞作曲、歌唱とギターを担当。著書に『ボブ・ディラン ロックの精霊』『大音海』ほか。好きな曲は「君だけに」です。

インタビュー・構成

高岡洋詞（たかおか・ひろし）

1965年横浜生まれ（ニッキ世代）、京都育ちの編集者／ライター。「ミュージック・マガジン」編集部を経てフリー。紙とウェブ媒体で新旧音楽家のインタビューをたくさんやっています。この仕事で少年隊のすばらしさを再認識しました。まさしく今の気分は「まいったネ 今夜」です。
www.tapiocahiroshi.com

鬼川尚（おにかわ・しょう）

1980年東京生まれ。4つの出版社で単行本、雑誌の編集に携わりフリーに。韓流やK-POP関連の仕事がメインだった時期も。3年前のある日、少年隊に開眼。『PLAYZONE』を生で観たかった！ 限定盤両BOXは購入済み。「ダイヤモンド・アイズ」と「Oh !!」推し。愛聴アルバムは『TIME・19』と『Prism』。

執筆

小山守（こやま・まもる）

1965年東京生まれ。音楽ライター。「ミュージック・マガジン」「レコード・コレクターズ」「CDジャーナル」などで執筆しています。少年隊はダンスの超絶的なかっこよさ、メンバーのスタイリッシュな個性、クオリティの高い楽曲が揃った、完成度の高いグループだと思います。やはり「仮面舞踏会」は衝撃的でした。

高浪高彰（たかなみ・たかあき）

1969年生まれ。長崎雑貨たてまつる店主。データブック『筒美京平の世界』を監修。人生の一曲は「ABC」。1978年、ジョニー・マティスがカバーした「Till Love Touches Your Life」（「モア」で有名なリズ・オルトラーニ作曲）は「ABC」に何らかの影響を与えたのだろうかと考える今日この頃です。

アチーブメント出版
〔twitter〕@achibook
〔Instagram〕achievementpublishing
〔facebook〕https://www.facebook.com/achibook

令和の少年隊論

2021年（令和3年）12月12日　第1刷発行

編者　WE LOVE SHONENTAI 編集部
発行者　塚本晴久
発行所　アチーブメント出版株式会社
〒141-0031　東京都品川区西五反田2-19-2　荒久ビル4F
TEL 03-5719-5503／FAX 03-5719-5513
https://www.achibook.co.jp

カバーデザイン——渡邊民人（TYPEFACE）
本文デザイン——谷関笑子（TYPEFACE）
DTP——合同会社キヅキブックス
校正——片寄祐子、株式会社ぷれす
印刷・製本——株式会社光邦

ISBN 978-4-86643-105-5